Mensajes de Oro
de Saint Germain

Mensajes de Oro

de Saint Germain

Editorial Época, S.A. de C.V.
Emperadores 185
Col. Portales
C.P. 03300, México, D.F.

Mensajes de Oro de Saint Germain

© Derechos reservados 2003
© Editorial Época, S.A. de C.V.
Emperadores No. 185
C.P. 03300-México, D.F.
Tel: 56049046
      56049072
email: edesa@data.net.mx

ISBN: 970-627260-7

Impreso en México - *Printed in Mexico*

Introducción

Este libro persigue que los individuos reconstru-
yan su fe en sí mismos a través del poder de Dios, para
que accedan a la felicidad, la libertad y la salud, y vi-
van en armonía por siempre.

El Maestro Ascendido Saint Germain propone aquí
una mirada diferente del ser humano. Afirma que el individuo posee un valor y potencial que desconoce o
se encuentra dormido en su ser, pero que puede re-
nacer a través de un modo diferente de pensar, sentir y actuar. De este modo, la frase "YO SOY", que pro-
viene de las célebres palabras de Jesucristo: "YO SOY
la resurrección y la vida", se convierte en una fórmula
de fe para todos aquellos que deseen cambiar y trans-
formarse.

"YO SOY" es una fórmula mágica que imprime la
presencia de Dios en la gente. Dicho de otro modo,
constituye la presencia de Dios en Acción, pues con
sólo pronunciar la frase, se hace presente en la persona toda la luz, la energía, el amor, la confianza y el
poder de Dios.

Saint Germain fundó el movimiento "YO SOY" con
el propósito de ayudar a conseguir la libertad de la humanidad. Como parte elemental de este movimiento
ofreció la llama violeta, una energía espiritual de alto
valor que transforma el karma negativo, expresado en
enfermedades, desastres económicos, y males en ge-

neral, que existan o hayan existido en el pasado a través de las vidas que los individuos vivieron con anterioridad.

Bajo esta perspectiva, en este libro se encuentran las principales lecciones que Saint Germain dirige a la humanidad, producto de una filosofía que posee influencias de religiones orientales y occidentales, básicamente del cristianismo y el budismo, pero que, bajo la experiencia del Maestro Saint Germain, ponderan básicamente la capacidad del individuo como ser transformador de sí mismo y del universo, siempre en pos del progreso.

Las primeras líneas abordan la personalidad de Saint Germain para que los lectores conozcan la naturaleza de este ser excepcional. La mensajera de Saint Germain, Elizabeth Clare Prophet, explica el fundamento y uso práctico de la llama violeta, de acuerdo con las leyes físicas que hacen posible su existencia dentro del Cosmos. Asimismo, da a conocer los rituales necesarios para hacer contacto con la llama, así como los decretos u oraciones que la persona debe pronunciar para invocarla y de este modo recibir sus beneficios

La segunda parte de este libro contiene los consejos espirituales de Saint Germain para la vida práctica. El lector encontrará una serie de reflexiones y propuesta de solución acerca de los males que abruman a la sociedad actualmente, tales como: las enfermedades, la pobreza, la mendicidad, la infancia desamparada, por ejemplo, así como aquellos defectos que aquejan a las personas en particular: la gula, la envidia, las desavenencias matrimoniales, y el vacío espiritual, entre otros.

Finalmente, Saint Germain considera las condiciones que el individuo debe observar para llevar adelante la doctrina YO SOY, las cuales centran su atención en la importancia del pensamiento como eje regulador de la acción y la existencia, así como de la meditación y la autocorrección, que significa la observación permanente y crítica de nuestros actos, siempre en pos de su mejoramiento.

Vivimos en la era de Acuario, sobre la que se han vaticinado múltiples pérdidas para la humanidad. Saint Germain propone que sea una era dorada, un tiempo de liberación de karmas negativos, presentes o pasados, y una esperanza para el futuro, siempre y cuando el individuo desee acercarse a Dios, conocerse a sí mismo, y buscar su liberación.

Capítulo 1

¿QUIÉN ES SAINT GERMAIN?

Saint Germain es un ser espiritual que ha encarnado a través de los siglos y los territorios del mundo con la misión de contribuir en la elevación espiritual y moral del individuo y las naciones. Por sus múltiples cualidades, el Maestro Ascendido Saint Germain es el Señor del Séptimo Rayo de la Libertad y jerarca de la era de Acuario, que en nuestro tiempo inicia a las almas en la ciencia y el ritual de la alquimia, mediante la llama violeta.

Podemos imaginarlo como un personaje fabuloso de la Edad Media, ya que en la "Mansión Rakoczy", sede de uno de sus retiros espirituales en Transilvania, al norte de Europa, suelen escucharse vibrantes y místicas composiciones como los "Relatos de los bosques de Viena" y "La marcha Rakoczy".

No menos peculiares son sus retiros en Estados Unidos. Radica en la Cueva de los Símbolos, en la montaña Table, así como en la montaña Grand Teton, sitios localizados en el estado de Wyoming. Otro retiro importante es la Cueva de Luz, en la India, donde convive con su Gurú, el Gran Director Divino. Últimamente, Saint Germain estableció una sede importante en Sudamérica, pues ha fijado su atención en esta parte del continente americano para su misión divina, en el retiro del Dios y de la Diosa Merú.

Encarnaciones de Saint Germain

El Conde de Saint Germain

Aunque Saint Germain reencarnó en algunos personajes célebres de la historia, una vez que obtuvo la categoría de Maestro Ascendido en el año de 1684, consiguió que los Señores del Karma le otorgaran un cuerpo físico en la tierra, de manera que por única vez en su vida adquirió un nombre y personalidad propia. Alquimista, músico, diplomático y artista, fue conocido entonces como el Conde de Saint Germain, "El hombre prodigio de Europa", entre 1710 y 1822.

El conde era admirado en las cortes del viejo mundo en virtud de sus dotes de iniciado. Así, por ejemplo, podía escribir el mismo verso a la vez con ambas manos, o estar presente en dos lugares distintos al mismo tiempo. Como alquimista, comprendía el valor espiritual y uso práctico de las piedras preciosas, al grado de que él mismo adornaba sus manos y zapatos con diamantes, como relata una condesa que escribió sobre su persona.

En apariencia, sus conocimientos científicos le servían para ufanarse, sin embargo, resultaban el medio perfecto para cautivar a la realeza europea, ya que sus intereses eran eminentemente políticos: crear los estados unidos de Europa, y lograr que la monarquía se transformara en un sistema representativo, democrático, de una manera paulatina, para evitar la revolución que ya se acercaba.

Pero la historia ocurrió como sabemos: vino la revolución francesa y con ello la liquidación de la realeza. Sus consejos fueron desoídos aun por Napoleón, a quien el Conde Saint Germain patrocinó en su afán por unificar Europa. Pero esto no llegó a ser una realidad. Napoleón fue derrotado tras los abusos de poder que ejerció.

Rey — emperador de una civilización dorada

Donde actualmente se encuentra el desierto del Sahara floreció una civilización dorada hace más de 50 000 años. Al mando de Saint Germain el imperio era un ejemplo absoluto de perfección; el pueblo vivía pacíficamente, con la conciencia de su sabiduría y poder como hijos de Dios.

Mas como suele ocurrir, una gran parte de la población empezó a interesarse más en los placeres terrenales que en los espirituales, por lo que el gobernante abandonó el reino al poco tiempo, para trasladarse a la Ciudad Dorada Etérica de Luz, en el mundo celestial. 2 000 años más tarde, ocurrieron dos cataclismos que volvieron estéril la tierra. En el lugar de la antigua ciudad dorada quedó El Sahara.

Sacerdote en un continente legendario

Se considera que la Atlántida estaba situada al oeste de España y África, frente al Estrecho de Gibraltar, y que se hundió a causa de un gran cataclismo en el periodo terciario. Pero la versión del español Jacinto Verdaguer fue otra; en su poema épico del mismo nombre, refiere que la destrucción de la isla se debió principalmente a la soberbia de sus habitantes. Es notable la coincidencia con la historia de la Ciudad Dorada que vimos antes, fundamentalmente con la idea de que una ciudad o territorio ésta destinado a desaparecer tarde o temprano si la conducta de sus habitantes se vuelve moralmente negativa.

Mas ahí, en la legendaria isla, hace más de 13 000 años, Saint Germain era Sumo Sacerdote del Templo de la Llama Violeta. Como parte esencial de su tarea sacerdotal, invocaba al fuego sagrado y practicaba los rituales del séptimo rayo, para mantener una fuente de la llama violeta.

Atraídos por ella, múltiples personas de lugares cercanos y distantes acudían al maestro, para ser liberados en cuerpo, alma y mente. Ésta es la misma fuente que hoy día nos ofrece Saint Germain para permanecer sanos y alegres con nosotros mismos y con el mundo.

El profeta Samuel

Saint Germain vuelve a encarnar a través del profeta Samuel. El antiguo testamento lo señala como un importante líder religioso de Israel que fungía como sacerdote, profeta y juez en el siglo xi, antes de Cristo.

De acuerdo con la organización política de la sociedad hebrea, los jueces alternaban sus tareas profesionales con las religiosas. Esta labor no era difícil de cumplir, ya que generalmente eran personas con un físico agradable y un gran carisma. Asimismo, el pueblo consideraba que por sus virtudes tenían acceso absoluto a Dios, por lo que podrían cumplir con misiones trascendentes, como reunir a todas las tribus de Israel para pelear en contra de sus opresores.

El nacimiento mismo de Samuel sella el sentido de misión divina que es común a muchos líderes religiosos, incluyendo por supuesto a Cristo. Samuel era hijo de Elcana y Ana, matrimonio que no había podido procrear debido a la esterilidad de la esposa. Ana suplicó a Dios le concediera esta gracia, en cambio de lo cual prometió que le consagraría a su hijo para que sirviera en su templo.

Cumplido su deseo, Ana llevó a su pequeño hijo con Elí, el Sumo Sacerdote, para que lo instruyera en el templo. Al poco tiempo, Dios se acercó a Samuel a través de un sueño, para anunciarle una profecía: la ruina de Elí y de su familia, debido a su mal comportamiento. Elí aceptó lo dicho por el muchacho, pues sabía que era cierto, y lo reconoció como Profeta de Dios.

Muchos años después, Samuel liberó a los israelitas de los filisteos. Siendo ya un hombre viejo, el pueblo le pidió un rey para gobernarlos, como ocurría en todas las naciones. No obstante su pesar, Samuel accedió, a sabiendas de que un rey acabaría con sus libertades, además de que ya no tendrían a Dios como principal mandatario. Entonces confió el poder a Saúl, pero como éste acabó desobedeciendo a Dios, proclamó a David como el nuevo rey de Israel.

Saint Germain a través de otros personajes célebres

Saint Germain también ha reencarnado en las siguientes personalidades: San José, padre y protector de Jesús; San Albán, primer mártir cristiano de las Islas Británicas en el siglo III; Merlín, mago y consejero en la corte del rey Arturo, Inglaterra, en el siglo v; Roger Bacon, científico y monje en Inglaterra, en el siglo xiii; Cristóbal Colón, descubridor de América, entre los siglos xv y xvi; y Francis Bacon, filósofo, escritor y estadista en Inglaterra, entre los siglos xvi y xvii.

Patrocinador en América del Norte

Luego de sus fallidos intentos por unir a los estados de Europa bajo la persona del conde de Saint Germain, el Maestro Ascendido vuelve a aparecer en Estados Unidos.

Acorde con su vocación social y política, procura la unificación armoniosa de las trece colonias de Norteamérica. Poco después, el 4 de julio de 1776, la tradición norteamericana lo señala como el inspirador, en uno de los firmantes de la Declaración de Independencia Americana, de un discurso conmovedor que exhortaba a los patriotas a firmar el documento. Saint Germain actuó también a través de George Washington durante la revolución; intervino en la redacción de la Constitución de Estados Unidos, y proclamó a Washington como primer presidente de ese país.

Saint Germain ofrece al mundo el regalo de la llama violeta

Durante el siglo xx, Saint Germain se dedicó a poner en práctica un nuevo experimento de libertad. Solicitó de los señores del Karma la gracia de hacer accesible a toda la humanidad el conocimiento de la llama violeta, con el argumento de que la llama transformaría a toda la raza humana.

Los señores del Karma estimaron que mucha gente podía abusar de estas energías sagradas, como había sucedido siglos atrás en los legendarios continentes de Lemuria y la Atlántida. Lo más seguro es que sólo respondería positivamente una pequeña parte. Para convencerlos, Saint Germain ofreció como aval su propio moméntum personal del Séptimo Rayo, que había acumulado a través de miles de años. Ciertamente cualquier ser humano puede solicitar una concesión de energía al Consejo Kármico para realizar determinado proyecto, siempre y cuando ofrezca en prenda una cantidad de luz proveniente de su Cuerpo Causal, por si fracasa su intento. No obstante, la garantía de Saint Germain resultaba conmovedora. Probaba la intensidad de sus deseos humanitarios el ofrecimiento de una luz cuyo peso y fuerza es inimaginable.

Siglos atrás, el conocimiento de la llama violeta se había entregado a algunas personas privilegiadas que en su momento probaron ser dignos de él. Por petición de Saint Germain, los Señores del Karma acordaron difundir el conocimiento de la llama a un grupo de devotos, a manera de experimento. En caso de que el resultado fuera positivo, aceptarían que dicho conocimiento se extendiera a todo el mundo.

A principios de 1930, Saint Germain fundó el movimiento YO SOY y ofreció la dispensación de la llama violeta. Estos primeros devotos invocaron a la llama con sumo fervor por la causa de la libertad de la humanidad, pero no hubo respuesta. Entonces los Señores del Karma se desilusionaron; dijeron a Saint Germain que no le concederían "otra asignación de energía para que la humanidad la tomara, la disipara y la desperdiciara".

Saint Germain ha dicho que después de miles de años de proyectos y esfuerzos con el propósito de iluminar y liberar a la humanidad, sus alas fueron cortadas: "Y sólo me quedaba esperar, con la esperanza de que algún otro jerarca viniera para implorar una dispensación de luz para la humanidad, para las almas de luz".

Finalmente fue escuchado, ya que en el año de 1958 el Maestro Ascendido El Morya vino en su ayuda. A través de Mark L. Prophet fundó The Summit Lighthouse que en español significa "La cumbre de la casa iluminada".

Evocando el empeño de Saint Germain en los tiempos del experimento de la llama violeta, El Morya dijo que el Maestro había recorrido Estados Unidos y después el continente entero, para descubrir que América era la tierra destinada a ser el refugio de la Madre Divina y su progenie.

De ahí que en 1964, Saint Germain haya nombrado a Elizabeth Clare Prophet como Mensajera de los Maestros Ascendidos. Clare Prophet se ha dedicado a recorrer el mundo para enseñar el uso de la llama violeta. Especialmente ha visitado Sudamérica, con el fin de que el pueblo inaugure la era de Acuario. Como sabemos, esta era se concibe como la gran esperanza de la humanidad, el momento clave para que las personas recobren su sentido del bien y del progreso, ante los días difíciles que vive el mundo.

Capítulo 2

EL USO DE LA LLAMA VIOLETA

Quizá en algún momento de tu vida te has sentido encerrado, como si te hallaras en una habitación de la que no puedes salir, pero supieras que algo te aguardaba al otro lado de sus paredes estrechas y su techo bajo, algo que no puedes alcanzar.

En eso consiste el sentido de la limitación que el karma negativo crea. No puedes ir más allá hasta que te abres paso a través de ello. El karma negativo puede manifestarse en toda clase de cosas, desde patrones de hábitos heredados de nuestros antepasados, los cuales te impiden relacionarte con otras personas, hasta enfermedades o accidentes. Cuando el karma se acumula a escala mundial, puede producir desgracias o incluso cataclismos.

El deseo de Saint Germain es que vayamos más allá de la limitación de nuestro Karma, para que podamos ser libres, progresar espiritualmente y alcanzar nuestro potencial superior. Su solución es la llama violeta, una energía espiritual única que transmuta o transforma el karma negativo.

"El karma es el peso que impide que el alma vuele", explica Saint Germain. "El karma afecta todas las decisiones: los contratos, los negocios, los matrimonios, y además de eso, determina qué personas formarán parte de vuestra vida y cuáles no, los niños que nacerán de vosotros."

"Cada día, a medida que los porcentajes de karma pasan por la llama violeta y ratificáis esa transmutación con buenas obras, palabras y acciones de amor y servicio, estáis aligerando la carga y por tanto, os estáis elevando hasta nuevos planos de logro, nuevas asociaciones, etcétera. Cuanto menos karma tengáis, mayor serán vuestras oportunidades día a día."

Cualidades de la llama violeta

De la misma forma en que un rayo de luz solar que atraviesa un prisma se descompone en los siete colores del arcoiris, la luz espiritual se manifiesta en los siete rayos. El rayo violeta es el séptimo de éstos. Cada rayo tiene un color, una frecuencia y una cualidad específicas. Cuando invocas a un rayo en el nombre de Dios, se manifiesta como una "llama". Podrías compararlo con un rayo de luz que atravesara una lupa y creara una llama.

Cada una de las llamas espirituales crea una acción positiva específica en el cuerpo, el corazón, la mente y el alma. *La llama violeta crea una acción de misericordia, justicia, libertad y transmutación.*

Transmutar es cambiar el estado de una cosa; alterarla en forma, apariencia o naturaleza, especialmente para darle una forma superior. El término fue usado por los alquimistas, que intentaron transmutar los metales de baja ley en oro, separando lo "sutil" de lo "denso" por medio del fuego, para de este modo obtener la preciada piedra filosofal. Tanto para los alquimistas medievales como para los antiguos, el propósito real de la transmutación alquímica era la transformación espiritual y la obtención de la vida eterna.

Eso es precisamente lo que la llama violeta puede hacer por ti. Consume los elementos del karma, separándolos de nuestra pureza original, para que podamos conseguir el verdadero oro de nuestro Ser Superior y lograr una transformación espiritual duradera.

En nuestro mundo espiritual, la luz violeta tiene la longitud de onda más corta, y, por tanto, la frecuencia más alta del espectro visible. Así, en un sentido de la palabra, la luz violeta se puede ver como un punto de transición entre lo visible y lo invisible, entre un plano del ser y el que le sigue.

Como la frecuencia es directamente proporcional a la cantidad de energía, y la luz violeta tiene la frecuencia más alta del espectro visible, es, por tanto, la que más energía tiene. Eso también significa que tiene la mayor capacidad de producir cambios en la materia a nivel atómico.

Por eso, Saint Germain dice que "La llama violeta es el antídoto supremo para los problemas físicos". Explica que la llama violeta tiene la capacidad de cambiar condiciones físicas porque, de todos los rayos, el violeta es el más cercano en acción vibratoria a los componentes de la materia. "La llama violeta puede combinarse con cualquier molécula o estructura molecular, cualquier partícula de materia conocida o desconocida, y cualquier onda de luz, electrón o electricidad", afirma. Dondequiera que las personas se reúnen para hacer decretos de llama violeta "Allí se percibe inmediatamente un mejoramiento de las condiciones físicas".

¿Cómo actúa la llama violeta?

Los grandes conocedores del antiguo arte oriental llamado Feng Shui, afirman que la disposición del ambiente físico, así como el desorden u orden existente en tu casa, tu centro de trabajo, etc., determinan el flujo de la energía en tu entorno. Y ese flujo de energía afecta intensamente a tu salud, tu economía, tus relaciones sociales, y la dirección de tu vida.

De la misma forma, el desorden kármico en tu cuerpo, mente y emociones, puede hacer que la energía interna y externa a ti, se paralice. Todos tenemos algo de desorden kármico, pues aunque hemos hecho muchas cosas buenas en nuestras vidas, también hemos creado energía negativa, que se ha acumulado y arraigado en nuestros mundos físico, mental y emocional. Como resultado de ello, no nos sentimos ligeros, libres, felices, llenos de vitalidad y espirituales como podríamos y deberíamos.

La llama violeta es capaz de consumir literalmente los desechos dentro y alrededor de los átomos de tu ser. Es como ponerlos a remojar en una solución química que, capa por capa, disuelve la suciedad acumulada durante miles de años.

Así es como actúa la llama violeta al invocarla. Envuelve cada uno de los átomos individualmente. De una forma instantánea se establece una polaridad entre el núcleo del átomo y el núcleo de fuego blanco de la llama. El núcleo del átomo, siendo materia, asume la polaridad negativa; el núcleo de fuego blanco de la llama violeta, siendo espíritu, asume la polaridad positiva.

La interacción entre el núcleo del átomo y la luz en la llama violeta establece una oscilación. Esta oscilación elimina las densidades atrapadas entre los electrones que giran alrededor del núcleo. A medida que esta sustancia se libera, los electrones empiezan a moverse más libremente y esa sustancia es arrojada a la llama violeta. Esta acción tiene lugar en las dimensiones no físicas, o "metafísicas", de la materia. Al entrar en contacto con la llama violeta, la sustancia densa se transmuta, recobra su pureza original y regresa a tu Cuerpo Causal.

El uso frecuente de la llama violeta puede crear un cambio positivo en todos los niveles de tu ser. Puede aumentar tu vigor, y ayudarte a superar obstáculos en la curación de problemas físicos o emocionales. Es la alegría de vivir que eleva tu ánimo. Y puede transmutar el aumento del karma de la humanidad y así evitar la gran oscuridad que se profetiza en estos tiempos.

Esa es justamente la razón por la que Saint Germain, gracias a su gran amor por nuestras almas, nos ofrece el grandioso regalo de la llama violeta en este siglo XXI. La llama violeta siempre se ha usado en los retiros espirituales de la Gran Hermandad Blanca. Y los habitantes del continente perdido de la Atlántida la usaban cuando esta civilización se encontraba en su apogeo.

Desde entonces, se ha dado a conocer sólo a unos pocos iniciados privilegiados, o a discípulos a quienes se consideraba dignos de ella. Pero a principios de 1930, Saint Germain fundó el movimiento YO SOY, e introdujo de nuevo el uso de la llama violeta en el mundo.

Hoy en día, él nos respalda para usar la llama violeta, porque quiere que tengamos la máxima ayuda posible para superar los desafíos kármicos, tanto personales como planetarios, que se ven llegar en el horizonte.

Porque a menos que invoquemos esta llama violeta para eliminar la causa, efecto, registro y memoria de nuestros pecados pasados, o lo que llamamos karma, tarde o temprano nos veremos forzados a saldar ese karma, ya sea por medio de un servicio a individuos o instituciones a las que hayamos perjudicado o tratado injustamente. O peor aún, que llevemos ese karma en nuestros cuerpos en forma de enfermedad, desorden, debilitamiento, aberración, accidente o muerte.

De acuerdo con la astrología para el futuro, la señal del karma de la humanidad nos muestra que podemos esperar cambios trascendentales. Pero depende de nosotros determinar si esos cambios nos llevarán a una era de oscuridad o a una era dorada de paz e iluminación.

Sin embargo, las profecías no tienen por qué suceder. La profecía no es predestinación; es una advertencia de lo que sucederá si nada cambia. Las profecías siempre pueden aminorarse o retrasarse si las personas cambian en su estilo de vida, piden intervención divina, y transmutan el karma con la llama violeta, antes de que pueda manifestarse el mal.

"No se os ha enseñado el verdadero significado de la palabra profecía", dice Saint Germain, "que consiste en mostraros sobre la pantalla de la vida lo que podría suceder si vosotros no intercedéis. Cuando veis la proyección de sucesos futuros sobre la pantalla del mundo, que pueden calcularse con facilidad por las señales de la época, esto debe transmutarse, porque estáis viendo una profecía de karma que regresa, que se hará físico a menos que sea transmutado."

La llama violeta nos ofrece la oportunidad óptima de lograr una auto transformación y una transformación mundial, en poco tiempo. Es la base de la era dorada de Acuario, la clave para el cumplimiento de tu destino espiritual único.

Decretos de llama violeta

La ciencia de la Palabra hablada tiene por objeto ponerse en contacto con los Maestros Ascendidos, los Arcángeles y el Ser Superior que cada persona posee, para atraer el poder de Dios y de este modo cumplir con un deseo o necesidad personal o social. En esencia, es una petición directa, dicha en voz alta, que se eleva con todo el corazón y concentración posible. Aplicando los principios de esta ciencia, las personas pueden experimentar y hacer uso de los decretos de la llama violeta.

En principio, el lector puede hacer el siguiente decreto antes de cualquier sesión de decretos de llama violeta, ya sea para transmutar el karma personal, o para suavizar o transmutar por completo el karma mundial. Es importante pedir la manifestación de los presagios positivos, así como la transmutación de los presagios negativos de estas configuraciones.

Decreto:

En el nombre de la amada poderosa y victoriosa Presencia de Dios, YO SOY en mí y de mi amado Santo Ser Crístico, los Santos Seres Crísticos de toda la humanidad, los Siete Arcángeles, Saint Germain, todo el Espíritu de la Gran Hermandad Blanca y la Madre del Mundo:

Pido que dirijáis la llama violeta hacia todos los presagios positivos y negativos de mi astrología para equilibrar el máximo de mi karma.

Invoco los Cuerpos Causales de todo el Espíritu de la Gran Hermandad Blanca para que sellen mi carta astrológica en todos los niveles y aspectos, liberando solamente la luz del Gran Sol Central y de la Primera Causa en mi conciencia y mundo.

Pido la transmutación del karma que atraería y me haría vulnerable a las fuerzas planetarias e interplanetarias. Y en el nombre de mi poderosa presencia YO SOY, pido la transmutación y eliminación de mis cuatro cuerpos inferiores de los moméntums que crearon mi karma y mis patrones de hábitos humanos negativos.

También pido que se aten, sellen, desmagneticen, neutralicen y transmuten los efectos negativos del karma personal y mundial que podrían manifestarse por los presagios del tránsito de Plutón en Sagitario y del tránsito de Urano en Acuario, incluyendo:

I. Conflicto nacional, religioso y cultural.

II. Anarquía y caos.

III. Tiranía, guerra y revolución; guerra mundial.

IV. Represión de nuevas ideas, y cambio en el espíritu humano.

V. Represión de las religiones y de las nuevas ideas religiosas y movimientos, persecución de aquéllos que se unen a ellos.

VI. Falta de formación cultural en la gente, y uso de la educación para indoctrinar y controlar.

VII. Persecución por clase o grupo étnico, y todas las consecuencias negativas que provienen de ello, incluyendo las emigraciones en masa, y conflictos de emigración.

VIII. **Abuso de la ingeniería genética.**

IX. *Control y manipulación de la gente mediante la ingeniería genética y las políticas eugenésicas, que determinan a quién se le permite procrear.*

X. *Control de la riqueza y del poder bajo una élite tecnológica y el establecimiento de una subclase permanente de personas que no tienen acceso a la tecnología.*

XI. *Uso de la tecnología de comunicaciones para controlar a la gente y privarla de su intimidad.*

También pido la manifestación del potencial positivo de estas configuraciones, incluyendo:

I. *Nacimiento de una era dorada de iluminación y de una nueva religión mundial.*

II. *Transformación dramática en la visión que tenemos de nosotros mismos, de nuestro mundo, de nuestro lugar en el universo y de nuestra relación con Dios; cambios trascendentales en la religión y en el gobierno, en los valores, en las creencias, en la educación y en la cultura.*

III. *Clima de optimismo, expansión e innovación.*

IV. *Expansión de la libertad, una espiritualidad trascendente y un sentimiento de hermandad.*

V. *Eliminación de la prostitución infantil y su explotación laboral; la liberación de todos los pueblos de la represión política, prácticas y condiciones sociales y económicas.*

VI. **Soluciones a los problemas sociales y disolución de las barreras que dividen a los pueblos por religión, raza, nacionalidad, clase y sexo.**

VII. **Mayor apreciación de diferentes culturas.**

VIII. **Iluminación; enriquecimiento intelectual y cultural debido al dramático movimiento de los recursos culturales cruzando las fronteras nacionales.**

IX. **Avance en la educación y en la diseminación de la información.**

X. **Avance de la humanidad debido a una revolución en la ciencia, incluyendo la microelectrónica, la microbiología, la ciencia de las computadoras, la informática, la ciencia militar, la tecnología de las comunicaciones, y la equilibrada revolución espiritual que guiará el uso inteligente de estos poderes.**

XI. **Mayor riqueza y tiempo libre.**

XII. **Mejor salud y mayor longevidad.**

(Después de este llamado, continúa con cualquier decreto de llama violeta.)

"YO SOY la luz del corazón"

Por Saint Germain

Visualización:

Como Saint Germain nos respalda en el uso de la llama violeta, utilizaremos este decreto: "YO SOY la luz del corazón", para entrar en contacto con su corazón.

Primero visualiza la luz descendiendo desde tu Presencia YO SOY y tu Santo Ser Crístico por el cordón cristalino. Observa cómo fluye hasta tu chakra del corazón, donde se liberará de acuerdo con la matriz que conforman las palabras del decreto.

A continuación concentra tu atención en el corazón. Visualízalo como una esfera brillante de luz blanca. Imagina el brillo del sol a mediodía y transmite esa imagen al centro de tu pecho.

Mira la luz del corazón de Dios brillando a través de tu corazón. Contempla miles de rayos de sol saliendo desde tu corazón como rayos de luz que penetran y disuelven cualquier oscuridad, desesperación o depresión dentro de ti y en los habitantes de la tierra.

Contémplate proyectando tu amor (que es el amor de Dios) hacia el mundo. Imagina ese amor como un rayo de fuego láser intenso, derribando todos los obstáculos que se opongan al éxito de tus relaciones, tu familia, tu crecimiento espiritual, tu trabajo, tu vecindario o tu país.

Decreto:

YO SOY la luz del corazón
Brillando en las tinieblas del ser
Y transformándolo todo en el dorado tesoro
De la mente de Cristo
YO SOY quien proyecta mi Amor
Hacia el mundo exterior
Para derribar las barreras
Y borrar todo error
¡YO SOY el poder del amor infinito
Amplificándose a sí mismo
Hasta que sea victorioso
Por los siglos de los siglos!

YO SOY la llama violeta

Visualización:

"YO SOY la llama violeta" es un mantra poderoso. Es corto y puedes repetirlo muchas veces para construir una acumulación intensa de llama violeta. Obsérvate rodeado de llama violeta, tal y como aparece en la gráfica de tu Ser Divino. Mira la llama violeta moviéndose como si estuvieras mirando una película. Las llamas se elevan y vibran alrededor de ti con diferentes formas y matices de púrpura, rosa y violeta. Contempla cómo estas llamas atraviesan tu cuerpo, cuidando de cada órgano y restaurando tu salud. Mira cómo saturan tu mente y tus emociones, disipando todas las preocupaciones.

Una de mis visualizaciones favoritas es imaginar que los siete océanos están llenos de llama violeta. Medita en el poder de los siete océanos y luego traslada ese pensamiento a la imagen de un mar gigante de llama violeta pacífico que envuelve todo el planeta. ¡Imagina su peso, su poder y su energía! ¡La llama violeta tiene la capacidad de transformar totalmente el planeta!

Por supuesto, puedes usar este decreto para situaciones específicas. Por ejemplo, puedes ver el mar de llama violeta transmutando la contaminación de los océanos del mundo. O te puedes concentrar en los niños del mundo visualizándolos ante ti, empezando por los niños de tu comunidad, y luego a los niños más necesitados del mundo. Observa cómo las llamas violetas juguetonas y danzarinas los envuelven y transforman sus tristezas en alegría.

Decreto:

YO SOY la llama violeta
en acción en mí ahora
YO SOY la llama violeta
sólo ante la Luz me inclino
YO SOY la llama violeta
en poderosa Fuerza Cósmica
YO SOY la llama violeta
resplandeciendo a toda hora
YO SOY la llama violeta
brillando como un sol
YO SOY la llama violeta
liberando a cada uno

Llama violeta para purificar y vigorizar los chakras

En algunas ocasiones no sentimos de inmediato la acción de la luz que invocamos en nuestros decretos. Esto podría suceder si nuestros centros espirituales o chakras se encuentran obstruidos.

Tus chakras son estaciones de recepción y envío de la energía de Dios, que fluye hasta ti y a través de ti, cada día. Situados a lo largo de la columna vertebral, al nivel etérico del ser, son invisibles para el ojo físico, aunque tu vida y progreso espiritual dependen de su vitalidad.

Chakra es un término sánscrito que significa "rueda" o "disco". Cada chakra tiene una función y una frecuencia únicas y representa un nivel diferente de conciencia. Estas diferencias vienen marcadas por el número de "pétalos" de cada chakra. Cuantos más pétalos tenga un chakra, mayor es su frecuencia. Y cuanta más energía fluya a través de un chakra, más rápido gira.

Cuando la luz de la Madre Divina, llamada Kundalini, se eleva desde el chakra de la base y activa las energías de cada chakra, éstos comienzan a girar. Abre y eleva sus pétalos, indicando el despliegue de nuestros poderes espirituales latentes.

Desafortunadamente, a causa de nuestras interacciones con otras personas a lo largo de nuestras muchas encarnaciones, los desechos kármicos se han acumulado alrededor de nuestros chakras. Estos desechos son como las hojas de los árboles que obstruyen una boca de alcantarilla por causa de la lluvia. Para que el agua pueda correr por la alcantarilla adecuadamente, es necesario retirar las hojas.

Del mismo modo, para que la luz de Dios pueda fluir a través de tus chakras, es necesario que limpies la emanación que se adhiere a estos centros sagrados. Si tus chakras y el circuito de energía que los conecta están limpios, sentirás vigor, te sentirás positivo, alegre y generoso. Si se encuentran tapados, te sentirás perezoso, pesimista o enfermo, incluso sin saber por qué.

He visto cómo miles de personas lograban limpiar sus chakras con llama violeta. Cada persona necesita una cantidad diferente de tiempo para percibir algún resultado, desde un día, hasta varios meses. Pero si eres constante, comenzarás a notar la diferencia.

Puedes usar cualquier decreto de llama violeta de los que has leído aquí, especialmente los mantras que aparecen a continuación, para purificar y dar vigor a tus chakras, y poder experimentar los niveles superiores de tu potencial espiritual.

Visualización:

Visualiza la llama violeta bañando y limpiando tus chakras. Observa las llamas disolviendo los desechos que has acumulado alrededor de ellos. Entonces, pon atención en cada uno de los chakras de forma individual, a partir de las siguientes visualizaciones:

Ahora visualizo mi chakra del corazón, de doce pétalos, de un ardiente color rosa, enviando la luz del amor de Dios a toda la vida sensible.

Ahora visualizo mi chakra de la garganta, de dieciséis pétalos, de un ardiente color azul zafiro, enviando la luz de la voluntad de Dios a todas las naciones y a sus pueblos.

Ahora visualizo mi chakra del plexo solar, de diez pétalos, de color púrpura dorado con tonos rubíes, enviando la luz de la paz de Dios y la hermandad para armonizar toda la existencia.

Ahora visualizo mi tercer ojo, de noventa y seis pétalos, de un ardiente verde esmeralda, enviando la luz de la visión y de la verdad de Dios para la curación.

Ahora visualizo mi chakra de la sede del alma, de seis pétalos, violeta, púrpura, rosado, enviando la llama violeta de la libertad de Dios, el perdón, la justicia y la transmutación mundial.

Ahora visualizo mi chakra de la coronilla, de mil pétalos, de un brillante fuego amarillo, enviando la luz de la sabiduría de Dios, la iluminación y la acción sabia para disipar toda la oscuridad.

Ahora visualizo mi chakra de la base, de cuatro pétalos, de color blanco puro, enviando la luz de Dios para sellar el fuego sagrado de la Madre Divina en el chakra de la base, el alma y los cuatro cuerpos inferiores de todos los niños de luz.

Ahora cierra los ojos y contempla tus siete chakras alineados. Observa que el centro de cada chakra es un sol ardiente de luz blanca. Entonces visualiza, alrededor del centro blanco, los pétalos del color vibrante, eléctrico e intenso que le corresponde a cada chakra. Al hacer el decreto, mantén la forma de pensamiento de los siete poderosos rayos blancos de luz, proyectándose desde el centro de cada chakra. Una vez que hayas mirado estos rayos con intensidad, contempla cada rayo blanco envuelto en un cilindro del color específico del chakra.

Después del preámbulo de apertura, recita cada mantra tres veces.

En el nombre del YO SOY EL QUE YO SOY, en el nombre de Jesucristo y Saint Germain, yo decreto:

¡YO SOY un ser de fuego violeta!
¡YO SOY la pureza que Dios desea!
Mi corazón es un chakra de fuego violeta,
¡Mi corazón es la pureza que Dios desea!
¡YO SOY un ser de fuego violeta!
¡YO SOY la pureza que Dios desea!
Mi chakra de la garganta es una rueda de fuego
*   violeta,*
¡Mi chakra de la garganta es la pureza que Dios
*   desea!*
¡YO SOY un ser de fuego violeta!
¡YO SOY la pureza que Dios desea!
Mi plexo solar es un sol de fuego violeta,
¡Mi plexo solar es la pureza que Dios desea!

¡YO SOY un ser de fuego violeta!
¡YO SOY la pureza que Dios desea!
Mi tercer ojo es un centro de fuego violeta,
¡Mi tercer ojo es la pureza que Dios desea!
¡YO SOY un ser de fuego violeta!
¡YO SOY la pureza que Dios desea!
Mi chakra del alma es una esfera de fuego violeta,
¡Mi chakra del alma es la pureza que Dios desea!
¡YO SOY un ser de fuego violeta!
¡YO SOY la pureza que Dios desea!
Mi chakra de la coronilla es un loto de fuego violeta,
¡Mi chakra de la coronilla es la pureza que Dios desea!
¡YO SOY un ser de fuego violeta!
¡YO SOY la pureza que Dios desea!
Mi chakra de la base es una fuente de fuego violeta,
¡Mi chakra de la base es la pureza que Dios desea!
¡YO SOY un ser de fuego violeta!
¡YO SOY la pureza que Dios desea!

Decreto "Más fuego violeta"

Visualización:
Este decreto se destaca por su ritmo y por la acción en espiral de la llama violeta que el ritmo genera. Al hacer este decreto, comulga con tu Presencia YO SOY. Siente el amor de la "amada Presencia de Dios" envolviéndote por completo al liberarte de toda ira, preocupación, angustia o miedo.

Observa una cascada de luz descendiendo desde tu presencia YO SOY. Contempla cómo esta luz se libera a través de tus chakras, tal corrientes de energía

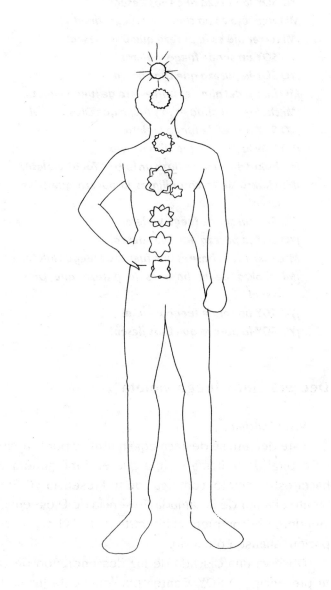

brillante saliendo para bendecir y consolar a aquéllos por los que estás rezando.

Contempla la llama violeta disolviendo la causa, efecto, registro y memoria de tus errores y los errores de los demás. No olvides asociar a las palabras de los decretos, imágenes especiales de lo que quieres que la llama violeta realice. Ningún problema es demasiado insignificante o demasiado grande para no ser abordado con la llama violeta.

Decreto:

Amada Presencia YO SOY en mí,
Escucha ahora mi decreto:
Haz realidad la bendición por la que invoco
Al Cristo de todos sin excepción
Que la llama violeta de la Libertad
Ruede por el mundo para a todos sanar;
Satura la Tierra y a todos sus seres,
Con el brillo del Cristo de intenso fulgor.
YO SOY esta acción desde Dios en lo alto,
Sostenida por la mano del amor del cielo
Transmutando las causas de discordia aquí,
Eliminando todo núcleo para que nadie tenga
   miedo.
YO SOY, YO SOY, YO SOY
Todo el poder del Amor de la Libertad
Elevando a la Tierra hacia el cielo en lo alto,
Fuego Violeta, ardiente resplandor,
En tu viva belleza está la luz de Dios.
Que hace que el mundo, toda vida y yo mismo
Seamos libres eternamente
En la Perfección de los Maestros Ascendidos.
¡Omnipotente YO SOY! ¡Omnipotente YO SOY!
¡Omnipotente YO SOY!

Decreto para la misericordia mundial

Visualización:

Este decreto fija su atención en la transmutación del karma mundial gracias a la cualidad misericordiosa de la llama violeta. Cuando se hacen estos decretos para producir una acción mundial, se recomienda tener un globo terráqueo o un atlas delante para facilitar las visualizaciones. Puedes usar el globo o el atlas para señalar los lugares a los que quieres dirigir la llama violeta. Puedes concentrarte en cada nación y continente de una forma sistemática, dirigiendo la llama violeta a las ciudades más importantes del mundo y contemplando cómo se eliminan los problemas de esa ciudad en particular mediante la llama violeta.

Visualiza a los ángeles marchando por las calles de la ciudad, colocando redes de luz que reemplacen a las viejas redes del karma humano. Observa cómo la llama violeta envuelve a la ciudad y a sus habitantes, y penetra profundamente en los estratos de la tierra para transmutar los registros de guerra y los delitos que ocurrieron allí en el pasado.

Preámbulo:

Oh mi muy amada Poderosa Presencia YO SOY, Santo Ser Crístico y Santos Seres Crísticos de toda la humanidad, os invoco ahora e invoco a la amada Kuan Yin, Diosa de la Misericordia, amado Saint Germain, Señor El Morya, Jesús, Madre María, Gran Director Divino, nuestro amado Gautama, Señor del Mundo, amado Lanello, todo el Espíritu de la Gran Hermandad Blanca y la Madre del Mundo, vida elemental: ¡fuego, aire, agua y tierra!

Decreto:

¡Inundad, inundad e inundad el mundo por el poder del tres por tres y el poder del fuego sagrado con la suficiente cualidad cósmica de la Misericordia, desde el corazón de Dios en el Gran Sol Central y en el corazón de Helios y Vesta, en nuestro propio querido sol para saturar la Tierra y todo lo que hay en ella, incluyendo a mí mismo, con más Misericordia de la que vayamos a necesitar nunca, hasta que todos hayan ascendido completamente y sean libres!

Que esta Misericordia sea amplificada sin límites, expandiendo su servicio como para liberar a todos del poder de toda sustancia, pensamiento y manifestación recalcitrantes, transmutando toda vida —humana, elemental y de ángeles aprisionados— convirtiéndolo todo en el iluminado e invencible poder de la Victoria Crística sobre toda condición negativa, que automáticamente eleva a todos los hombres a su estado otorgado por Dios y a la plena victoria de la ascensión.

¡Fundid, disolved y transmutad diariamente todo odio y creación de odio, incluyendo toda la acumulación de discordia humana sobre las grandes ciudades del mundo!

Mitigad los efectos del karma masivo y restringid la reacción al mismo, mediante la sabiduría y la misericordia cósmicas en perfecto equilibrio divino, como una triunfante victoria para todos aquellos cuyos corazones anhelan la Victoria y reconocen el poder de su Presencia para sostenerla ilimitadamente hasta que el mundo entero sea victorioso en Dios, iluminado, haya ascendido, y sea por siempre libre en la Luz.

Cierre:

¡Y con plena Fe acepto conscientemente que esto se manifieste, se manifieste, se manifieste! ¡Aquí y ahora mismo con pleno Poder, eternamente sostenido, omnipotentemente activo, siempre expandiéndose y abarcando el mundo hasta que todos hayan ascendido completamente en la Luz y sean libres!

¡Amado YO SOY! ¡Amado YO SOY! ¡Amado YO SOY!

Capítulo 3

CONSEJOS ESPIRITUALES DE SAINT GERMAIN PARA LA VIDA PRÁCTICA

Dejad de consumir alimentos densos

Yo, Saint Germain, os pido que reduzcáis el consumo de sal y carnes rojas, incluyendo la carne de vaca y de cerdo. Y si supierais lo que yo sé sobre el cerdo, creedme, nunca más lo volverías a probar mientras vivierais.

Grasas animales en exceso y especias picantes no son recomendables para el devoto espiritual. Ahora invoco la llama violeta para que pase a través de vuestro corazón y arterias para transmutar los efectos de toda una vida de consumo de estos alimentos.

Pero, amados, la llama violeta sólo puede hacer esto por vosotros. Debéis conocer los métodos del ayuno científico y de la oración sincera para poder deshaceros de estas sustancias en vuestro cuerpo, y para que la luz que invoquéis pueda penetrar más profundamente en vuestros cuatro cuerpos inferiores.

Contemplad los rostros y los cuerpos de vuestros compatriotas que se complacen con alimentos ácidos y comprended que si queréis obtener la victoria en esta vida vais a tener que deshaceros de capas y capas de vuestro estado terrenal anterior, antes de estar preparados para tener un encuentro con vuestro Dios.

Los alimentos que compráis en cadenas internacionales de comida rápida como Mc Donald´s y Burger King, no son el alimento que el devoto espiritual necesita. Por tanto, buscad alimentos puros, aire y agua limpios, y haced ejercicio saludable.

Ocupad vuestra mente con la Mente de Dios y vuestro cuerpo seguirá el ejemplo. Comprometeos a hacer oración práctica y con perspicacia santa ahondad en los misterios que vuestro Santo Ser Crístico os enseñará. Porque cuanto más os adentráis en el sendero de la ascensión, se hace más importante para vuestra alma el tener discernimiento.

¡Dejad de comer alimentos densos, amados! Y entonces la grasa del egoísmo se consumirá y vuestro corazón se abrirá, veréis que la densidad os ha impedido responder adecuadamente a los necesitados. Y exclamaréis: "¿cómo he podido estar tan denso como para haber negado mi vida, mi amor y mi cuidado a estos niños?".

Cread una fundación para aquellos que no tienen un hogar

Os digo que hasta que no aligeréis la carga que pesa sobre los niños sin hogar que no tienen ningún lugar al que ir —que no tienen madres, o padres, o alguien que cuide de ellos, que pasan días sin comer inhalando pegamento para aplacar sus retortijones de hambre— cargaréis con el karma de la negligencia insensible, por la cual pagaréis caro en esta vida y en la próxima.

Y por tanto, para salvar a vuestras almas así como las almas de los niños sin hogar, yo, Saint Germain, os recomiendo que creéis una fundación para los niños y las personas de todas las edades que necesitan un hogar. Y si os sacrificáis por esa causa, os pido que un día a la semana o cuatro, o cinco días consecutivos al mes, sirváis a los niños de la calle, a los pobres y a los que no tienen hogar. Que reciban de vosotros alimentos, ropas, cuidado médico y amor.

Recordad la alquimia que el mejor de los predicadores os enseñó hace mucho tiempo: *Echa tu pan sobre las aguas; porque después de muchos días lo hallarás.* Y siglos más tarde el Maestro de Maestros os enseñó de nuevo: *No os afanéis por el día de mañana, porque el día de mañana traerá su afán.*

Por tanto, haced un llamamiento a vuestros compatriotas y exhortarles a que contribuyan con los fondos excedentes de los que pueden prescindir fácilmente. Y en mi nombre decidles:

"Contribuid con los fondos que tengáis como un regalo desinteresado de amor a los niños. No acumuléis vuestra riqueza, ofrecedla libremente mientras exista la oportunidad de abrirles las puertas a los niños y de ofrecerles la esperanza de una vida significativa. Adoptadles. Educadles. Tratadles como si fueran vuestros hijos. Y un día se alzarán y os llamarán benditos.

No deis a los pobres por amor al mérito o para que todos los hombres puedan admirar vuestra caridad. Dad a los necesitados diciendo: 'Lo hago sólo por la gracia de Dios. Ayudaré a mis hermanos y hermanas. Sí donaré el diez por ciento de mi riqueza anual para ayudar a los orfanatos, los hospitales y las escuelas. Sí, seguiré los pasos de la Madre Teresa y daré de mí para cuidar a estos pequeños'".

Y os digo que entre estos niños os cruzaréis con almas avanzadas que vienen con la apariencia de mendigos. Verdaderamente, nunca sabéis cuando podéis estar rechazando a un Niño Cristo. Pero si cuidáis de todos los niños sin discriminación, no perderéis ni una sola alma que tenga el potencial de contribuir significativamente al florecimiento de esta civilización.

Regados con amor y alimentados con sabiduría, estas preciosas flores del corazón de Dios sabrán que les habéis dado el poder de la gracia de Dios, de tal forma que llevarán sus comunidades y sus países a nuevos niveles de oportunidad para todos. ¡No debéis abandonar a los niños! Pues son vuestra herencia más inestimable. Y debéis ser conscientes de que ellos son la esperanza del futuro.

Cuidad a los niños que ahora están entre ustedes

Una nación que no cuide a sus niños debería sentirse avergonzada. Y si se siente avergonzada, tiene un problema grave, porque ha perdido el hilo de la vida, su sensibilidad hacia la vida y hacia la continuidad de la existencia en el corazón del niño.

Ahora bien, si estáis convencidos de que esto es así, entonces debéis actuar según vuestra convicción.

Porque volver la espalda a los niños sin hogar, es equivalente a volverle la espalda a vuestro "Niño Interno", o a vuestros "Niños Internos", como algunos psicólogos han llamado a los componentes del alma.

Hombres y mujeres de conciencia, ¡Atención! Alzaos y defended la vida —vida que suplica tener significado y consuelo— y los corazones que anhelan ser amados, porque saben que ser amados es su derecho de nacimiento. Este es vuestro llamado, amados. La vida llama y vosotros debéis contestar.

Sencillamente, no podéis volverle la espalda a estas almas, porque ellas, junto con vuestros propios hijos, poseen el potencial necesario para instaurar una era dorada, si tan sólo les enseñarais. Sí, ¡Enseñad a los niños! ¡Enseñad a los niños! ¡Enseñad a los niños!

Y si no les enseñáis, amados, si no regáis las flores (es decir, los chakras) de sus mentes, sus almas y sus espíritus, así como sus cuerpos, si en vez de eso les volvéis la espalda y les tratáis como ciudadanos de segunda y tercera clase, sin derechos ni privilegios, e incluso consideráis que no son descendientes de Dios, os digo: hay una gran probabilidad de que un día se alcen contra vosotros y las naciones que les han traicionado por no haberles ofrecido "un papel en la acción".

Además, existe la clara posibilidad de que no logréis vuestra ascensión en esta vida. Muy al contrario, podéis regresar a esta escena, ya sea para cuidar de estos niños o para nacer como uno de ellos, mendigando por vuestro sustento en las ventanas de los automóviles. La elección es vuestra.

¡El sufrimiento de estos niños debe cesar! Por tanto, que vuestros corazones compasivos se dedi-

quen no sólo al Sagrado Corazón de Jesús o al Inmaculado Corazón de la Bendita Madre, sino también a la chispa divina naciente en cada niño. ¡Avivad la llama con amor! ¡Avivad la llama con amor! ¡Avivad la llama con amor! Y contemplaréis cómo la llama del niño pequeño encenderá a las naciones.

Velad por los hijos como lo hizo San José

En una de mis encarnaciones yo fui San José, el padre de Jesús. En mi discurso del 4 de julio de 1995, en el Rancho Royal Teton, en Montana, os contaba que durante el mes anterior había sostenido en mi regazo a todos y cada uno de los niños del planeta Tierra, y que había colocado una porción de mí mismo en sus corazones. Prometí que cuidaría de todos los niños de la misma forma en que había cuidado a mi hijo Jesús.

Siendo San José, el ángel del Señor me advirtió en un sueño que el rey Herodes: *buscaría al joven niño para destruirle.* Por ello me llevé a Jesús y a María conmigo para refugiarnos en Egipto, donde permanecimos hasta la muerte de Herodes.

Mientras estábamos en Egipto, María y yo enseñamos a Jesús sus primeras lecciones. Lo tomaba en mis brazos y lo sentaba en mi regazo. Sí, estaba allí para él. Y en Egipto, siendo aún un niño pequeño, Jesús comenzó a reflexionar sobre los misterios del universo.

Años después, en Jerusalén, cuando Jesús tenía doce años, lo encontramos en el templo *sentado en medio de los doctores de la ley escuchándoles y haciéndoles preguntas. Y todos los que le oían, se maravillaban de su inteligencia y de sus respuestas,* como después escribió San Mateo.

A los trece años, Jesús emprendió un viaje en secreto hacia la India, dejando nuestro hogar en Nazaret, con el objeto de perfeccionarse en la Palabra Divina y de estudiar las leyes de los grandes Budas. Se puso en camino con una caravana de mercaderes, y llegó a la India a los catorce años de edad. Durante muchos años viajó y estudió en Oriente, donde se le conoció como el Santo Isa. A la edad aproximada de treinta años, regresó a Palestina, donde fue bautizado por Juan el Bautista en el río Jordán, y comenzó su ministerio público. Había alcanzado la madurez, y su círculo interno lo conocía como el avatar de la era de Piscis.

Veis, no importa si una corriente de vida es un alma joven o vieja. Incluso un avatar —y especialmente un avatar— necesita el alimento del padre y de la madre para que en su juventud pueda conquistar el ser y seguir adelante en su camino para conquistar el mundo intrépidamente.

Por tanto, amados, no temáis dar de vosotros mismos a los hijos. Porque cualquier cosa que le deis a un niño pequeño se lo dais a vuestro Niño Cristo Interno y al de los demás. Y un día ese Niño Cristo universal gobernará vuestro mundo personal, así como el mundo de la humanidad.

Ordenad a los Arcángeles y a sus legiones que corrijan los males de la sociedad

¡Y llegareis a conocer a los Arcángeles! Y no sólo los conoceréis sino que los dirigiréis de acuerdo con la voluntad de Dios. Y os obedecerán, porque está escrito en las sagradas escrituras:

¿No sabéis que los santos han de juzgar al mundo? Y si el mundo ha de ser juzgado por vosotros, ¿sois indignos de juzgar cosas muy pequeñas? ¿No sabéis que hemos de juzgar a los ángeles?

En realidad, en el nombre de Dios y de su Hijo Jesucristo, tenéis el poder de ordenar a los Arcángeles y a sus innumerables legiones de luz que corrijan los males de la sociedad. Y, de una vez por todas, sabréis que tenéis los recursos para cumplir el mandato de nuestro Señor:

Sanad enfermos, curad leprosos, resucitad muertos, echad fuera demonios. Como dijo Jesús: De gracia recibisteis, dad de gracia.

Sí, podéis llevar a la gloria de Dios a los pobres, a los hambrientos, a los que no tienen hogar y a los que están privados de derechos, mediante el poderoso trabajo de sus Arcángeles si les invocáis a diario. Y entonces, contemplaréis lo que Dios y sus ángeles pueden lograr cuando aquellos que han recibido generosamente se esfuerzan a su vez por dar de sí mismos a los menos afortunados con generosidad.

Haced decretos de llama violeta y llamados al Arcángel Miguel

Y así, manos a la obra. Podéis reuniros temprano en distintos lugares, incluso en vuestros hogares, para hacer decretos por los niños, las familias y los líderes de vuestros respectivos países. Hagáis lo que hagáis no descuidéis vuestros decretos, ya sea que los hagáis temprano en la mañana, antes de ir al trabajo (a las 5 a.m.) o en la tarde después del trabajo. ¡Porque vuestros decretos son el pilar de todo lo que logréis!

También necesitamos vuestros fervientes llamados al Arcángel Miguel para la protección de vuestras familias y para el exorcismo del crimen organizado de vuestras ciudades. El Arcángel Miguel oye todos vuestros llamados, y os responde instantáneamente, enviando a vuestro lado el suficiente número de ángeles de relámpago azul para ocuparse de cualquier desafío al que podáis enfrentaros. El Arcángel Miguel os liberará de todas las opresiones y los opresores. Y si se lo pedís, os puede liberar de posibles relaciones extra matrimoniales, exorcizando a los demonios de la lujuria que os atraparon en esas relaciones, y liberándoos para que podáis regresar junto a vuestra esposa e hijos.

Cuanto más cerca de Dios, de Jesucristo y de la Bendita Madre se encuentre vuestro corazón, mayores serán los milagros del Arcángel Miguel en vuestra vida. Verdaderamente, ¡Acercáos a Dios y a sus ángeles, y él se acercará a vosotros!

Convertíos en nuevas criaturas en Cristo

Ahora os pido que participéis en un ejercicio sencillo. Cuando regreséis a vuestras casas esta noche, tomad nota de vuestro estado de conciencia. Escribid en vuestro diario lo bueno y lo malo que observéis en vosotros mismos. Repetid esto a diario o semanalmente, y en seis meses haced un repaso de cómo vais en el Sendero.

Observad cómo os habéis trascendido una y otra vez en algunas áreas mientras que en otras puede que no hayáis logrado el cambio total que esperabais. Algunos de vosotros os podéis mirar al espejo y ni siquiera reconoceros, ¡porque el cambio es tan grande! Y diréis: "¿qué me ha sucedido? ¡Si soy una nueva criatura en Cristo!".

En efecto, seréis nuevas criaturas en Cristo, porque habréis seguido la ciencia de la Palabra hablada diligentemente. Y esa ciencia, amados, ¡es la clave alquímica que precipitará la era dorada! Y la luz es la clave alquímica.

Amados míos, me inclino ante la llama que arde en el altar de vuestros corazones. Me inclino ante lo bueno de vuestras corrientes de vida, y os pido que exorcicéis a diario lo malo usando los decretos que os he enseñado.

¡Adelante ahora! Id y enseñad el poder liberador de la ciencia de la Palabra hablada, porque esta noche se os ha otorgado el poder mediante el uso de esa Palabra. ¡Qué todos los hombres, mujeres y niños en este continente tomen la espada del Espíritu y la Ciencia de la Palabra de Dios, y que pronuncien los decretos dinámicos que literalmente cambiarán por completo a vuestro país y a vuestro continente!

Capítulo 4

EL PENSAMIENTO EN NUESTRA VIDA

Toda la gente quiere la felicidad, también llamada dicha, y sin embargo, muchos de los que la buscan con tanto ahínco, continúan pasando de largo ante la llave de esa felicidad. La llave simple de la dicha perfecta y el poder inherente que la mantiene constante, es el Auto Control y la Auto Corrección. Pero esto es fácil de lograr una vez que se aprende la verdad de que uno mismo es la Presencia "YO SOY", y la Inteligencia que controla y ordena todas las cosas.

Alrededor de cada individuo hay todo un mundo de pensamientos creados por él mismo. Dentro de este mundo mental está la semilla, la Presencia Divina, el "YO SOY", que es la única presencia que actúa en el universo y la cual dirige toda la energía. Esta energía puede ser intensificada más allá de todos los límites por medio de la actividad consciente del individuo.

La Presencia Divina Interior puede ser comparada con la semilla de un durazno. El mundo de pensamientos que la envuelve semeja la pulpa. La pulpa representa el mundo mental creado por el Individuo, así como la sustancia electrónica universal, siempre en espera de ser activada por la determinación consciente del individuo, para ser precipitada a su uso visible en la forma que a él convenga o desee.

El camino seguro hacia la comprensión y uso de este poder consciente, nos viene por medio del Auto Control. ¿Qué quiere decir "Auto Control"? Primero, el reconocimiento de la Inteligencia "YO SOY" como única Presencia activa; Segundo, que sabiendo esto, entendemos que no existen límites o limitaciones para el poder de su uso; y, Tercero, que los humanos, habiendo recibido libre albedrío, libre selección y libre actuación, *lo que crean en su mundo circundante, es todo aquello en que se fija su atención.*

Ha llegado el momento por fin, cuando todos deben comprender que el pensamiento forma el poder creador más grande en la vida y en el Universo. La única forma de usar ese pleno poder de pensamiento-sentimiento, que llamamos "Dios en Acción", es empleando el Auto Control y la Auto Corrección, con los cuales se puede rápidamente alcanzar la comprensión de cómo usar y dirigir este poder del pensamiento, sin limitación alguna.

Cuando se ha logrado el suficiente Auto Control, el individuo puede mantener su pensamiento fijo en cualquier deseo, al igual que una llama de acetileno se mantiene inmóvil sobre una soldadura. Así, cuando se mantiene inamovible la conciencia en cualquier deseo, sabiendo que la Presencia "YO SOY" es la que está pensando, o sea, que es Dios en Acción, entonces se comprenderá que se puede traer la sensibilidad, o precipitar lo que se desee o se necesite.

No es que no se pueda pensar en otra cosa; si así fuera ¿cómo podría uno realizar los mil y un deberes que colman nuestros días? El hecho es que cada vez que se deba recordar el punto en cuestión, se recuerde invariablemente que es Dios, o la Presencia "YO SOY" con todo su poder, la que está actuando para precipitarnos el deseo.

Algo muy importante: ha sido comprobado en miles de formas que el efecto de una cosa no puede traer felicidad. Sólo la comprensión de la causa que opera, permite que el individuo se vuelva maestro o dueño de su mundo.

El Auto Control se ejerce pensando y diciendo inmediatamente frente a todo lo discordante que se presente: No señor. *Esto no puede ser verdad porque mi YO SOY es perfecto. Borro, pues, todo lo que esté mal hecho por mi conciencia exterior y no acepto sino la perfección manifestada.* ¿Qué sucede entonces? Le has abierto la entrada a Dios "YO SOY", y Él endereza todo lo exterior.

Dice Saint Germain: "Si pudieras comprender el esplendor magnificiente que se manifiesta en ti, cuando afirmas así tu Auto Control ante la actividad exterior, duplicarías todos tus esfuerzos para lograr ese Auto Control y maestría sobre toda la expresión exterior. Así es como se permite a toda la Magna Presencia 'YO SOY', liberar su gran Poder en nuestra conciencia y uso exterior".

No existe el tiempo y la distancia

Es importante quitar de la mente de los estudiantes el sentido del tiempo, espacio y distancia. La llave que abre la entrada a todas las esferas superiores, los planos superiores, está en la sencillez y firmeza del Auto Control. Todo estudiante debe recordar esa gran verdad de que *Donde está tu conciencia estás tú*, y de que "YO SOY" está en todas partes.

La conciencia acerca de que existe espacio, distancia y tiempo, es sólo una creación del hombre. Pasar a través del velo fino que separa la conciencia de su pleno poder y actividad interior, es sólo un asunto de estado de conciencia, o sea, de pensamiento y sentimiento.

Aquellos que están esforzándose por alcanzar la Luz, viven constantemente en esas altas esferas. La belleza de las esferas sobrepasa toda imaginación. Cuando entres en ellas consciente y voluntariamente, encontrarás que todas las creaciones que existen allí son tangibles como cualesquiera de nuestros edificios en la tierra.

Con la afirmación: *YO SOY el Poder de mi Auto Control completo para siempre sostenido*, les será más fácil lograr esta maestría. Las personas y estudiantes deben ser conscientes de que cuando reconozcan la actuación de la Presencia "YO SOY", es imposible que ella sea interrumpida o que se le interfiera en forma alguna. Al saber que no hay ni tiempo ni espacio, se tiene al alcance el conocimiento de la eternidad.

Para entrar en una esfera más alta que el mundo físico, plenamente consciente, sólo hay que ajustar o cambiar la conciencia. ¿Cómo hacerlo? Sabiendo que ya estás allí, conscientemente.

Afirma a menudo: *Por el Poder del Círculo electrónico que yo he creado en contorno mío, no puedo ser afectado ya por dudas y temores. Yo tomo gozoso el Centro de mi YO SOY y piso resueltamente cualquiera de las Altas esferas en que yo quisiera entrar, y conservo la clara y perfecta memoria de mis actividades ahí.*

Con esta práctica, te encontrarás rápidamente gozando de la libertad ilimitada y de la felicidad perfecta para actuar en cualquier plano que escojas.

El estar consciente de las cosas que están mil años adelante es tan fácil y accesible como ir a tu librero para tomar el libro que necesites. El gran obstáculo para la libertad humana ha sido la gran ilusión del tiempo y el espacio en la creencia común.

Aquellos que se han desilusionado al ver que la riqueza y los efectos exteriores de las cosas no pueden traer la propia dicha, comprenden la gran bendición, la verdad de que dentro de su propio pensamiento creativo, su propio poder y su propio pensamiento, tienen toda la dicha, la libertad perfecta y el dominio.

Cuando las personas comprendan que aquello en que conectan su atención se les adhiere, se convierte en ellas, o se convierte en aquello con toda la intensidad que empleen, verán la importancia de mantener su atención lejos de todo lo destructivo que existe en la experiencia humana. Aprende a invocar en estos momentos a la Amada Presencia "YO SOY", antes de fijar tu atención en las cosas destructivas.

Cuando el individuo se da cuenta de que su propio pensamiento y sentimiento le puede producir todo lo que necesite, se sentirá libre del deseo de las riquezas y todo lo que el mundo exterior pueda ofrecerle.

Les aseguro que no existe un mundo "sobrenatural". En cuanto pisamos una esfera superior a ésta, aquélla se hace tan real y verdadera como ésta. Es simplemente otro estado de conciencia. Para alegría de tus familiares te diré que de aquí a cien años, habrá centenares de personas que podrán usar los rayos cósmicos para limpiar y conservar sus casas, y cuando ya no sientan la necesidad de seguir las modas creadas por las ideas comercializadas, tejerán sus mantos "de un solo hilo y sin costuras" hechos con los rayos cósmicos.

Muchas personas preguntan cómo es que los maestros, con todos sus poderes creadores, prefieren vivir en habitaciones humildes. La explicación es sencilla. La mayor parte de sus actividades se realizan en altas esferas, dirigiendo magnos rayos de Luz para la bendición de la humanidad desde sus hogares de Luz y Sabiduría tan bellos y trascendentes, como para hacerse invisible a aquellos que aún ocupan cuerpos físicos. Si las personas lograran comprender esto, evitarían mucha confusión, y les quedaría más tiempo para dirigirlo hacia la actividad de la Gran Presencia "YO SOY".

Esto los llevará al estado trascendente que consume la ansiedad por las riquezas del mundo exterior, todas las cuales no son sino basura en comparación con el poder creador inherente a todo individuo. Este puede traer a la manifestación el poder trascendente a través del Auto Control y la maestría.

¿No vale la pena usar tu más sincero esfuerzo cuando sabes que no puedes fallar? Empuña el cetro de tu Magno Poder Creador y libérate para siempre en todas esas ataduras y limitaciones que han torturado a la humanidad a través de las edades. Yo te aseguro que todo el que se empeña en adquirir el cetro y esta maestría, recibirá toda la ayuda necesaria.

Cuando sabes que el Poder "YO SOY" es el que está actuando, también sabes que no es posible fallar. Realízate en ese poder. Sin lugar a dudas.

Capítulo 5

IMPORTANCIA
DE LA MEDITACIÓN

Una de las necesidades más importantes para todo ser humano, es darle tiempo a la meditación por la mañana o por la noche, la de aquietar la actividad exterior, para que la Presencia Interior pueda surgir sin obstáculo alguno.

Meditar significa realmente sentir la activa Presencia de Dios, por eso cuando se entra en meditación no debemos arrastrar con nosotros todas las perturbaciones que nos han atacado hasta ese momento. Hay que quitar conscientemente del sentimiento y de la atención, todo aquello que pueda inquietarnos, pues es una actitud para sentir la Presencia de Dios y no para revolver todas las molestias.

Cuando se dio aquella afirmación: *Conoced la Verdad, y ella os hará libres*, la intención fue la de reconocer y aceptar la actividad de la Gran Presencia "YO SOY". Por eso:

I.   Hazte consciente de que el "YO SOY" es el primer principio y que es la absoluta seguridad de liberación, ahora mismo.

2. Conoce que "YO SOY" es la activa Presencia que gobierna toda manifestación en tu vida y tu mundo perfectamente. Así habrás entrado a la Verdad que te dará toda libertad.

Debo hablar de una cosa que sería risible si no fuera tan seria. Tú castigarías a tu perro si constantemente trajera huesos de la cocina a la alfombra de tu salón. Naturalmente te parecería que está haciendo algo inarmónico. ¿No sabes, que cuando permites que tus pensamientos remuevan experiencias desagradables, estás haciendo algo mucho peor que lo del perro?

Nunca, bajo ninguna circunstancia, se debe atajar el agua que ya pasó por debajo del puente. En otras palabras, las experiencias desagradables, las pérdidas, o cualquier imperfección que haya ocurrido en tu vida, no deben jamás ser abrazadas y mantenidas en el presente. Ya pasaron; olvida y perdona. El dar y perdonar es Divino. Por ejemplo: si una persona ha entrado en un negocio y ha fracasado, sucede siempre debido a una falta de equilibrio mental en su actitud y sus sentimientos. Si cada persona en circunstancias semejantes mantuviera con firmeza que sólo existe Dios en Acción, lograría el éxito más perfecto.

Desde el momento en que todos tenemos libre albedrío, aquél que no controle su mundo sensorial se encontrará destrozando todo, lo propio y lo ajeno. Tal es la Gran Ley, a menos que el individuo corrija sus pensamientos y sentimientos, y los mantenga de este modo.

Todo ser encarnado ha cometido muchos errores. Por esta razón nadie debe permitirse una actitud de *YO SOY más santo que tú*, sino por el contrario, se debe invocar la Ley del Perdón, ya que si la persona experimenta crítica, condenación u odio hacia otro hijo de Dios, sabrá que jamás podrá prosperar. En vez de ello, debe decir mentalmente a la persona en cuestión: "Te mando la plenitud de mi Amor Divino para bendecirte y para que prosperes". Esta es la actitud que libera de los fracasos de la actividad exterior.

Aquellos individuos que están constantemente pensando o discutiendo sobre algún negocio que fracasó, deben saber que al final se destruirán ellos mismos si no apelan a la Ley del Perdón para borrar por completo aquella situación. La persona que mantiene una actitud vengativa por algún mal imaginario o real, traerá sobre sí misma la incapacidad mental y física, por ejemplo una parálisis o el mal de Parkinson.

Recordemos aquel dicho antiguo: "A menos que tú perdones ¿Cómo esperas ser perdonado?", es una de las más graves leyes de la experiencia humana. ¡Si pudieras ver cómo se adhieren las cosas que ya no se quieren, cuando se permiten repasar las discordias que se considera ya no tienen remedio!

La búsqueda mayor de la humanidad es realmente la Paz y la Libertad, que siempre son las puertas de la dicha. No hay más que una sola manera de recibir estos dones: conocer a Dios en la Presencia "YO SOY", y reconocer que esta Presencia es la única Inteligencia que actúa en tu vida y tu mundo en todo momento. Adopta esto, ¡vívelo!

Riqueza y libertad

Uno de los hechos más asombrosos que he atestiguado desde que estoy en el Estado Ascendido, es la

idea distorsionada de la libertad financiera. Sólo existe una roca segura sobre la cual se puede construir la libertad financiera eterna, la de conocer y sentir en todas las fibras del ser: *YO SOY la sustancia, la opulencia, ya perfeccionadas en mi mundo, de todas las cosas constructivas que pueda yo concebir o desear.*

Esta es la libertad financiera verdadera. Este concepto en tu mente te la traerá, y no dejará que se te escape.

Debe tomarse en cuenta también que el hombre puede usar consciente o inconscientemente lo necesario de esta presencia "YO SOY" o de esta energía divina, para acumular a través de su actividad exterior millones de pesos. ¿Pero, dónde está la seguridad de que los va a conservar? Te aseguro que es imposible que ninguna persona en el mundo físico pueda conservar la riqueza acumulada, si no tiene en cuenta que Dios es el Poder que la produce y la mantiene.

Puedes ver frente a ti constantes ejemplos de riquezas inmensas que se pierden en una noche. Miles de personas se han encontrado en esta situación, y si aún después de haberla perdido, hubieran tomado la decisión consciente: *YO SOY la riqueza de Dios en acción ahora manifestada en mi vida y mi mundo*, la puerta se les hubiera abierto inmediatamente para recibir de nuevo a la abundancia.

¿Por qué decimos "de nuevo"? Porque si fueran ricos habrían construido un gran *momentum* de confianza. Todas las condiciones estaban a la mano para que las riquezas continuaran existiendo. Pero en la mayoría de los casos, tras las pérdidas vienen grandes depresiones, odios y condenación, a los cuales se les permite libre entrada, cerrando así la puerta del progreso.

Permíteme asegurarte, amado hijo de Dios, que jamás existió en este mundo una condición tan negativa que estuviera fuera de la Activa Presencia de Dios "YO SOY", con su eterna fuerza y valor para reconstruir de nueva cuenta la independencia económica.

En estos días de derrumbe de gobiernos y fortunas personales, los individuos necesitan comprender que sus riquezas han escapado por ignorancia y falta de comprensión. La Presencia "YO SOY" en ellos, Dios en Acción, es el reconstructor seguro de la fe, la confianza, la riqueza, y en general, lo que deseen enfocar con su atención consciente. De este modo, ellos permiten que esta energía interior fluya a través de sus deseos, pues este es el único Poder que jamás haya logrado algo.

Todo individuo que haya expresado una aparente pérdida económica, debe usar de inmediato la afirmación de Jesús: "YO SOY la resurrección y la vida..." (de mi negocio, mi trabajo, etcétera).

Sinceramente, no hay esperanza alguna en el cielo o la Tierra para aquél que persista en mantener en su conciencia pensamientos y sentimientos de crítica, condenación y odio de cualquier naturaleza, y esto incluye tu propia actividad y tu mundo. No te incumbe juzgar a otro porque tú no conoces las fuerzas que lo influyen a él ni a sus condiciones. Tú sólo conoces el ángulo que tú sólo ves de él, y yo te digo que si alguien manda pensamientos de crítica, condenación y odio a un tercero que fuera enteramente inocente de todo intento de dañar al prójimo, estaría cometiendo algo peor que un asesinato físico.

¿Por qué es esto? Porque el pensamiento y el sentimiento forman el único poder creador y aunque dicho sentimiento y pensamiento pueden no dañar el objetivo, tienen que devolverse y arrastrar las condiciones enviadas por el individuo que las lanzó, y siempre con energía acumulada. Así es que tales pensamientos dañinos hacia otros están destruyendo los negocios y asuntos del que los manda. No hay forma posible de evitarlo excepto que aquel individuo se despierte y conscientemente invierta las corrientes.

Vamos a dar un paso más. A través de todas las edades han existido asociaciones comerciales en las cuales una o dos personas han intentado dañar deliberadamente, y otros individuos absolutamente inocentes han sido culpables y encarcelados. Es una Ley infalible que aquél o aquéllos que puedan causar el encarcelamiento de personas inocentes, privándolas de su libertad de acción, se atraerán la misma experiencia en sus propias vidas hasta la tercera y cuarta encarnación siguiente.

Yo preferiría mil veces morir, que ser el instrumento que pudiera privar de su libertad a cualquiera de los hijos de Dios. No hay crimen mayor en la experiencia humana de hoy en día que el uso de las evidencias circunstanciales, porque en 99 casos de cada 100 se encuentra después que han sido enteramente falsas. Algunas veces la verdad no es conocida jamás por los sentidos exteriores.

De manera que ninguno de aquellos que busca la Luz se constituye en juez de ningún hijo de Dios.

Vamos a suponer que alguien a quien amamos mucho esté actuando absurdamente. ¿Qué es lo primero que hace el mundo en general? Pues juzgarlo y criticarlo. La tarea más poderosa que se puede hacer en favor de esa persona, es llenarlo de amor y conocerlo mentalmente *YO SOY Dios en Acción, la única Inteligencia y Actividad controlando a este hermano o hermana*. Continuar hablándole mentalmente a su conciencia es la más grande ayuda que se puede dar.

Muchas veces los argumentos verbales con semejante individuo, forman una condición antagónica, intensificando, en vez de borrar la actividad. En el trabajo silencioso lograrás tu objetivo con absoluta certeza.

Nadie puede conocer lo que la Presencia "YO SOY" de un tercero desea hacer. Éstas son verdades vitales que al emplearlas traerían gran paz a las vidas de los demás. Muchas veces, el esfuerzo puesto en algunos negocios, no puede impedir la ruina de los mismos porque hay en la conciencia de los actuantes un juicio y ordenación ocultos o un sentimiento de odio disimulado hacia otro.

El estudiante o individuo que desee progresar rápidamente en la Luz, no debe jamás dormirse hasta que haya enviado su amor a todo individuo que él considere que lo ha dañado en cualquier momento. Este pensamiento de amor sale derecho como una flecha, hacia la conciencia del otro individuo, porque no hay nada que lo pueda detener, y generará su calidad y poder allí donde ha sido enviado.

No hay ningún elemento causante de tantos malestares del cuerpo y de la mente como el sentimiento de odio enviado hacia otro individuo. No se puede predecir cómo irá a reaccionar en la mente y el cuerpo del que lo envía. En uno puede que produzca un efecto, y en otro, un efecto diferente. Que se entienda bien: el rencor o resentimiento no son sino otra forma de odio, odio de un grado menor.

Un pensamiento maravilloso para vivirlo siempre, es el siguiente: *YO SOY el pensamiento y el sentimiento creador perfecto presente en todas las mentes y corazones de todo el mundo en todas partes.* Es algo grandioso. No solamente da paz y reposo al que lo envía o al que lo genera, sino que provoca dones sin límites que vienen de la presencia.

Otro pensamiento es: *YO SOY la magna Ley de Justicia y Protección Divina actuando en las mentes y corazones de todo el mundo.* Puedes aplicar y usar esto con enorme fuerza y poder en todas las circunstancias. Otro es: *YO SOY el Amor divino que llena las mentes y corazones en todas partes.*

Absolutamente todo en la experiencia humana puede ser gobernado por la Presencia "YO SOY". El uso de la Presencia "YO SOY" es la más alta actividad que se puede enseñar. Cuando tú dices "YO SOY" pones a Dios en actividad. Cuando sientas y conozcas la enormidad del uso de esta expresión, realizarás el enorme poder del "YO SOY". Cuando tú dices *YO SOY el Poder de Dios Todopoderoso,* no hay otro poder que pueda actuar; habrás liberado y soltado la plena actividad de Dios.

Otra afirmación: *YO SOY la memoria consciente y la comprensión en el uso de estas cosas.* Cuando tú digas: *La Presencia YO SOY me viste con mi traje de Luz Eterna y Trascendente,* esto actúa realmente en ese momento.

El lugar secreto del Altísimo es esta Presencia "YO SOY". Las cosas sagradas que te estoy revelando no debes hacerlas a un lado. Son como perlas. Procura conocer siempre: *YO SOY el perfecto aplomo en mi hablar y en mi actuación en todo momento porque YO SOY la Presencia protectora,* esto actúa realmente en ese momento. Entonces la guardia siempre está montada.

La energía de Dios está siempre en espera para ser dirigida. Inherente en la expresión "YO SOY" está contenida la actividad autosostenida. Ahora sabes que el tiempo no existe. Esto te trae a la acción instantánea y tu precipitación pronto tendrá lugar. Precediendo a la manifestación sentirás siempre una quietud absoluta. Afirmaciones metafísicas para la persona que está en pleno caso judicial:

"YO SOY" *la Ley.*
"YO SOY" *la Justicia.*
"YO SOY" *el Juez.*
"YO SOY" *el Jurado.*

Sabiendo que el "YO SOY" es Todopoderoso, afirma entonces que *sólo la Justicia Divina puede hacerse aquí.*

Capítulo 6

LA AUTOCORRECCIÓN

Cada persona que adopte estas lecciones debe recordar, con toda seguridad, que con este poder vivificante de la Presencia "YO SOY" dentro del Ser, todo lo bueno o lo malo es activado si hay latentes en la conciencia, rebeliones, resentimientos o la inclinación a juzgar. En otras palabras, todo saldrá a la superficie para ser consumido; y yo te digo sin vacilación alguna que a menos que consumas conscientemente aquello que surge a la superficie, eso te consumirá a ti.

Si uno nota que se está dejando llevar por la ira, debe tomar las riendas y decretar el mandato a través de la Presencia "YO SOY", declarando que aquello sea gobernado armoniosamente. Ahora, déjame recordarte otra vez que lo primordial en tu progreso es la autocorrección; y que no hay persona, lugar, condición o cosa a la que se pueda culpar por lo que uno mismo se empeñe en alimentar. Esto es imperativo para tu progreso futuro; si has llegado a un punto donde semejantes condiciones sutiles se producen, hay que ponerlas muy en claro para que se comprendan bien, porque si no, te enfrentarás a condiciones que no podrás controlar.

Te repito que debes estar muy animado por los adelantos que has hecho en tu propio control y tu completa aceptación de estas grandes leyes de la vida, además de tu voluntad para aplicar el gran látigo de la autocorrección. Con base en mi experiencia, creo que la actividad exterior que llamamos humana, tiene que ser castigada sin vacilación antes que sea traída a la sumisión del mandato Divino. Si yo te dí el uso del Rayo o la Llama a través de la mano, es porque las mentes de algunos están entonando o afinando más rápidamente de lo que está siendo elevada la estructura atómica del cuerpo. Esta actividad de pasar la mano por encima del cuerpo, mantendrá el balance de la vivificación de la mente y la elevación de la estructura atómica.

Sin embargo, debo hacer hincapié en que los estudiantes tienen que avanzar sobre sí mismos en su conciencia. Es decir, no pueden ofrecerle a la Presencia "YO SOY" una atención dividida. (Parece que el Maestro se refiere a aquellos que entrando ya a practicar la Presencia "YO SOY" también suelen ir a consultar espiritismo y brujería.) Hacer lo cual, equivale a mandar un chorro de energía para darle poder a estas cosas que son negativas, y simplemente se está retardando el adelanto.

Hablo por experiencia. No es posible dividir la atención compartiéndola entre la Presencia "YO SOY" y las cosas exteriores, si es que se desea ir más allá de lo común. No quiero causar ningún choque a ninguna persona o estudiante, pero debo hablarles con la verdad; si los estudiantes, que han llegado hasta este punto, no son capaces de dedicar toda su atención a la Presencia "YO SOY", excluyendo toda forma de oración o tratamiento, se están cerrando la puerta de nuestra ayuda por mucho tiempo. Esto no pasará si siguen las instrucciones, de modo que hagan un esfuerzo sincero cada vez que la atención se les va, y la regresan con firmeza diciendo: *Le doy todo Poder a mi Presencia YO SOY que soy, y me niego para siempre a aceptar cualquier cosa.*

Deseo preparar a los estudiantes, porque vendrá un momento en que no tendrán el sostén de nuestros Mensajeros, sino que tendrán que apoyarse en su propia habilidad de sujetarse con mano firme a su presencia "YO SOY", que siempre recibirá su gran poder sostenedor.

Es un error e inútil además, que algún estudiante, después de recibir instrucción por varios meses, se permita cada día o cada tantos días, dejarse caer en la depresión y en dudas acerca del poder interior o de su habilidad para aplicarlo. Esta actitud mental infantil, si no es corregida, cerrará la puerta a la verdad con el tiempo.

Cada persona debe tomar una posición positiva, en el momento en que una discordia de cualquier clase pretenda entrar en su mente. Y debe asegurarse su dominio declarando: *YO SOY la Poderosa Presencia que gobierna mi Vida y mi Mundo y YO SOY la Paz, la Armonía y el Valor Autosostenido que me llevan serenamente a través de todo lo que pueda confrontarme.*

También debo advertir, para la protección de los estudiantes, que si se les manifiestan ciertos fenómenos permanezcan en calma, ecuánimes y sin impresionarse, siguiendo serenamente y no permitiendo que éstos les fijen la atención, porque en un número tan grande de ellos, no faltarán quienes hayan generado energías de estados de conciencia pasados, que puedan producirle estos fenómenos, y en ese caso deben declarar firmemente: *YO SOY la Presencia que gobierna esto y que lo utiliza para su más alta expresión y uso.*

Yo te aseguro que no necesitas desear que se produzcan manifestaciones sobrenaturales, porque el progreso natural de tu Ser, producirá abundantes manifestaciones cuando te llegue el momento; pero advierto que no me refiero a las apariciones de los Maestros Ascendidos, porque eso es algo enteramente distinto y no debe interpretarse como fenómeno. Ahora conviene que se haga esta afirmación: *Gran Presencia YO SOY, llévame dentro de ti, e instrúyeme y haz que yo retenga la memoria completa de estas instrucciones interiores.*

Como Mensajeros de la Luz, el entrenamiento que representa esa afirmación es esencial, pero no debe causar ansiedad ni tensión en el deseo de retener esa instrucción en la memoria, porque semejante actitud podría cerrar la memoria exterior.

No puedo menos que sonreír al ver que algunos estudiantes están a punto de experimentar cosas sorprendentes, pero confío en que siempre se mantendrán serenos sabiendo que *YO SOY la Única Eterna y Autosostenida Vida en Acción* y que se quiten para siempre de la conciencia, la idea de que existe en todo el Universo la llamada muerte. La actividad exterior de la mente y el mundo es un *Maya* que pasa y se mueve como las arenas del desierto, y no deben causarle a nadie ningún temor, porque *YO SOY la Vida eterna que no tiene comienzo ni tiene fin.*

Del corazón del Gran Silencio brota la corriente de vida incesante de la cual cada uno es una parte individualizada: Esa vida eres tú; eterna, perfecta, autosostenida; y los trajes con que se vista importan poco hasta el día en que se llegue al punto del reconocimiento. En este momento, el individuo se ha preparado para llevar "el manto sin costuras" autosostenido y radiante, con todos los colores del espectro.

Entonces puede uno regocijarse, con ese manto que es eterno, siempre radiante, inmutable, que lo separa de la rueda de causa y efecto haciendo de él un ser únicamente de causa. Esa causa es la radiación del Amor Divino, siempre emanado y evolucionando de su consciente, equilibrado, estabilizado, radiante centro divino, o sea, el corazón de la Presencia "YO SOY", que es juventud y belleza eterna, la toda sapiente Presencia que contiene en su autoconsciente acción: el pasado, el presente y el futuro, que después de todo no son sino el eterno *ahora*.

Así, tal es la eterna eliminación de todo el tiempo y el espacio. Entonces encontrarás tu mundo poblado de seres perfectos; tus edificios decorados con joyas selectas; tú de pie en el centro de tu creación ("la joya en el corazón del loto") siendo tus pétalos las grandes avenidas de su actividad perfecta.

Tal es el humilde cuadro de aquello que tienes por delante, llamándote a que entres en tu perfecto y eterno hogar y radiación. Ves tú, yo siento esa radiación gloriosa, y si logras centrarte en la Presencia del amor Divino y mantenerte allí firmemente, ¡Qué maravillosas experiencias te vendrán si pudieras tan sólo dejar fuera la interferencia de la actividad exterior mental!

En cuanto uno tome la actitud de *YO SOY la Presencia del Amor Divino en todo momento*, hará esas cosas maravillosas. El uso de esta afirmación, si se siente, cierra la puerta en todo momento a las actitudes exteriores de la mente. La solución a cada problema está siempre a la mano, porque la Presencia "YO SOY", siempre contiene las cosas dentro de ella.

Una demanda esencial es Impulsar la petición a que se manifieste. "YO SOY" es el principio activo inteligente dentro de nosotros, el corazón de nuestros seres, el corazón del sistema. No puedo evitar recordarte de nuevo, que cada vez que se afirma: "YO SOY", se está liberando una materia prima autosostenida, todopoderosa, única e inteligente energía. Persiste y entrarás en una condición suprema y maravillosa.

Cuando tú miras al Sol Físico, en realidad estás mirando al gran Sol Central, al propio corazón de la Presencia "YO SOY". Debes tomar la determinación incondicional de que *la Presencia YO SOY gobierna completamente este cuerpo físico y lo obliga a la obediencia.* Mientras más atención le des a tu cuerpo físico, más dueño se vuelve, te pedirá más y continuará ordenándote.

Cuando el cuerpo físico está crónicamente enfermo o continuamente manifiesta disturbios, comprueba que ha recibido atención especial por muchos años, a una u otra perturbación en particular, y nunca mejorará hasta que no se tome una actitud positiva y se le obligue a la obediencia. Tú puedes producir lo que quieras de tu cuerpo en forma positiva, si fijas tu atención en la perfección de él, pero no permitas que tu atención descanse sobre sus imperfecciones.

Para la ascensión: "YO SOY la Presencia que ordena", usa esto a menudo porque aquieta la actividad exterior de modo que te centras en la actividad del amor.

En el instante en que sientas algo discordante, voltea para otro lado. Tienes el cetro del poder en tu conciencia, ahora ¡Úsalo!

Debes seguir la orden de Jesús: no mires a ningún hombre de acuerdo con su carne. Esto quiere decir exactamente que no reconozcas la imperfección humana en pensamiento, sentimiento, palabra y actuación.

Un efecto muy poderoso para atacar los problemas es la simple conciencia de D*ios en mí, Presencia YO SOY, manifiéstate, gobierna y resuelve esta situación armoniosamente*. Obrará milagros, pues todo es invocar instantáneamente la Presencia "YO SOY" y ponerla a trabajar.

Jesús dijo: P*ide y recibirás; busca y encontrarás; toca y te será abierto*. Di pues a tu Ser Divino: ¡Ó*yeme Dios! Ven acá y cuídame esto*. Dios quiere que tú lo pongas a trabajar. Esto abre el flujo a la energía Divina, la inteligencia y la sustancia que se pone en movimiento para cumplir la orden. Así pues, haz que tu espíritu sea un punto dentro del Universo, un punto luminoso, único, verdadero. ¡Manos a la obra!

Capítulo 7

EL SENDERO DEL PODER INTERNO

Es fundamental que le recuerdes constantemente a la conciencia exterior, cuando dices "YO SOY", que has puesto en función el poder infinito de Dios; de este modo será posible cumplir exitosamente la idea que tienes en la conciencia.

Todo aquel que se incline sinceramente por este sendero espiritual no debe olvidar esto por un solo momento, hasta que la verdad se arraigue y actúe automáticamente. Verán, entonces, qué ridículo es decir: "Estoy enfermo" o "soy terriblemente pobre", cuando falte cualquier cosa en nuestras vidas.

Es imposible que seas afectado si te mantienes en la idea anterior, así que úsala. Cuando tienes gripe, no necesitas que se te recomiende usar un pañuelo. Entonces ¿Por qué necesitas que se te recuerde que la actividad exterior tiene sólo un poder que le permite moverse, y que es la Presencia "YO SOY", Dios en ti? Lo malo de la gente sincera, es que no medita lo suficiente sobre esta verdad, para que su Maravillosa Presencia entre en actividad.

Por ejemplo, si dices: "YO SOY, la Majestuosa y Victoriosa Presencia que llena todos los cargos oficiales", te darás cuenta de la gran bendición que recibirás por hacerlo.

Cuida tus contactos exteriores con frecuencia, para que no aceptes por ignorancia la apariencia de las cosas, o el temor de aquellos que manejan el dinero, llamados capitalistas. Dios gobierna tu mundo, tu hogar, tus negocios, y eso es todo lo que debe importarte.

Nunca creas que estás dejando que la imaginación se desborde porque sientes la cercanía de la Gran Presencia Individualizada. Alégrate, cree en esa Gran Presencia, que mantiene en ti todo lo que puedas usar o desear;tú no dependes de lo exterior. Con esta feliz entrada a este magno poder y Presencia que contiene todo ¿No te das cuenta de que si todo se acabara tú estarías provisto? Pretendo que sientas, que aceptes gozoso y reconozcas con todo tu ser, que el poder de precipitación no es un mito, es real. Los que entren en este sentimiento con suficiente profundidad, tendrán la precipitación de todo lo que desean.

Existen niños que han recibido castigo por ver seres angélicos y por manifestar que tienen la percepción interior. Los padres de estos pequeños deberían ser castigados, por atreverse a interferir en el don divino de la libertad del niño. Si los adultos vivieran más en la imaginación consciente y en la aceptación de la Gran Presencia, de cuya existencia duda la humanidad, sentirían esa presencia elevándolos y dándoles su inteligencia.

Si de pronto sientes que necesitas fuerza o valor expresa: "yo estoy aquí, surgiendo y supliendo instantáneamente". Si necesitas armonía de mente o cuerpo, debes decir: "yo estoy allí, supliéndote instantáneamente, y no necesitas esperar".

No le des un pensamiento al mundo o a los individuos que no comprenden estos hechos. Continúa alegre en la presencia activa, visible, de lo que desees manifestar y ver precipitado en tu vida y tu uso: "YO SOY, la Presencia Activa y Visible de esto que yo deseo, ya manifestado".

Nuestro sentido común debe decirnos que a menos que nosotros esperemos, aceptemos y gocemos ya aquello que deseamos ¿cómo lo vamos a lograr? El pobre e insignificante ser exterior se pavonea diciendo: "YO SOY demasiado importante para poner atención en semejantes cuentos chinos". Pues créeme que algún día los individuos que hablan así, van a ponerse muy contentos con estos cuentos chinos y llenarán su mente con esas ideas para verlas surgir.

En cada contacto con el mundo exterior de los negocios y cada vez que haya una condición negativa que aparente tomar tu mundo, instantáneamente toma esta determinación: "YO SOY, la Precipitación y la Presencia Visible de cualquier cosa que yo desee, y no hay hombre ni cosa que pueda interferir en ello".

Cuando hablo de precipitación, no sólo me refiero a la apertura de los canales invisibles sino a cualquier canal, ya que todo es precipitación, lo creado y lo no creado todavía, y no hay sino una pequeña diferencia de actividad.

Cuando yo reconozco quien "YO SOY", he entrado en el gran silencio donde habita la gran actividad de Dios. Este reconocimiento debe traer grandes revelaciones al individuo si lo acepta con gozo.

En tu experiencia exterior, la práctica de cualquier actividad desarrolla gradualmente tu eficacia. Si uno puede aplicar esto a una actividad exterior ¿No ves cuánto más importante lo es para una actividad interior? Cuánto más lo uses, mayor poder manifestarás. Sabes que puedes hacerlo de manera más grande y rápida que con el exterior, ya que en el espíritu en poder actúa de inmediato. No hay espera cuando el "YO SOY" entra en acción.

El hecho de que la musculatura se desarrolla con el ejercicio, te debe hacer comprender que el mismo esfuerzo por el poder interno, naturalmente tiene que producir mayores resultados. Los hombres creen que deben hacer ejercicio físico para desarrollar sus músculos: Pues yo he conseguido muchas veces que mis estudiantes desarrollen un bello y simétrico cuerpo con músculos poderosos sin haber hecho un solo ejercicio físico. En todo desarrollo, tanto del exterior como del interior, la primera parte del ejercicio es mental. Debemos saber que no existe sino un solo poder y una sola energía, y que viene de la presencia "YO SOY" en cada uno.

Por tanto, el ejercicio de las facultades interiores es llamado mental, pero es Dios en acción, porque una persona no puede formar un solo pensamiento sin la inteligencia y la energía de Dios para lograrlo. Así pues, tu actividad mental es la energía de Dios en Acción.

La mayoría de los científicos, médicos o profesores de cultura física, negarán esto, pero es porque no han penetrado profundamente en la energía o el poder que está actuando, pues ninguna actividad puede tener lugar sino es por el uso de esta energía y poder interior. La gente permite que le entren dudas y temores con respecto a los conocimientos de estas grandes facultades, que son libres y para el uso de quien las quiera utilizar en cualquier momento. Sucede que en realidad se encuentran sumergidas como un corcho mantenido debajo del agua, el cual, apenas se suelta, salta a la superficie.

Es lamentable que muchos estudiantes sinceros pasen tantos años en el esfuerzo, ensayo y abandono del uso de estas facultades, y luego, porque no las ven operar de inmediato, se dejan caer en un estado de inactividad hasta que algo los vuelve a animar, para recaer de nuevo.

El reconocimiento persistente y determinado de esta Presencia "YO SOY", te llevará al logro absolutamente cierto, a menos que tú lo abandones.

Pienso que en este momento un buen número de personas saltarán a la libertad, con un poco de incentivo y la descripción sencilla de estas prácticas, especialmente aquellos que reciben la instrucción verbal junto con la radiación que la acompaña.

¿No es terrible que las hijas e hijos de Dios se sometan a las limitaciones, cuando con un esfuerzo y voluntad abrirían la puerta y entrarían en esta gran cámara interior llena de luz, joyas, oro, y sustancias de todos los alimentos del Universo? Y luego, con esta verdad plena frente a ellos, estas personas vacilan aún por no creer que pueden dar el paso, tomar este cetro y ser libres.

Canta, pues, la gran melodía de la Presencia Conquistadora del "YO SOY". Canta en tu corazón, constantemente, siéntela con toda tu habilidad, sujétate fuertemente a esa determinación. El conocimiento y el sendero de esa maestría se abrirá y se te manifestará la libertad eterna. Simplemente, continúa recordando que ya has traspasado el velo.

Cualquier dominio que el individuo haya adquirido sobre sus asuntos y su mundo es, y siempre debe ser, un retiro sagrado, un santuario interior, en donde ningún otro individuo inquisidor pueda entrar. Nadie puede lograr la maestría si la busca en otros.

Buscar, encontrar y aplicar la ley del propio ser, es el camino seguro hacia la maestría; cuando la persona la ha logrado, puede comprender lo que es la verdadera maestría. Sólo hay un dominio qué buscar: el dominio sobre el propio ser exterior.

Puedes marchar al lado de un maestro durante años, y no descubrirlo, hasta que las propias facultades interiores se le revelan a uno. Se puede vivir en la misma casa con un maestro mucho tiempo, y no saberlo hasta que surge una crisis y el poder real se revela.

Si un maestro discute o revela sus logros, equivale a disipar sus fuerzas, y eso no se debe hacer jamás. Si un alumno tiene la dicha de poseer una experiencia, y luego la comenta con terceros, pueden surgir muchas dudas en éstos, las cuales se derraman sobre él, de tal modo que termina dudando de sí mismo. Es verdaderamente cómico ver cuán convincentes son los argumentos ajenos. El alumno que los escucha, debe hacerse justicia a sí mismo, a su Yo Superior, y escuchar lo expresado por esa experiencia interior.

En el momento mismo en que comienza a entrar la duda, si se permite su entrada, continuará entrando a raudales. Lo mismo ocurre con el "YO SOY". Si vuelves a él tu atención, allí se precipita la energía. Entonces ¿no percibes que cuando deseas alguna revelación o inspiración, al decir "YO SOY" pones en movimiento el poder con todas sus facultades, con todas sus sustancias, y que tiene que asumir cualquier forma en que se fije la atención?

El "YO SOY" es la mente insondable de Dios. Al buscar comprensión, la persona común sólo está en contacto con el recuerdo de lo que ha sido, en lugar de acudir al corazón de Dios y extraer aquello que aún no sucede.

Los discípulos a veces desconocen que han existido civilizaciones con vastos logros, ignorados hasta ahora. La Atlántida, Lemuria y la Tierra de Mu, son fragmentos de otras grandes civilizaciones que han existido.

Para lograr hacer cosas poco comunes, aquellos que lo deseen deben tomar la siguiente decisión: "YO SOY el corazón de Dios y ahora produzco ideas y cometidos que jamás han sido producidos".

Considera que somos aquello que deseamos ver producido. La Presencia "YO SOY", es el corazón de Dios. Se entra de inmediato en el Gran Silencio, en el momento en el que se dice "YO SOY". Si tú reconoces que eres "YO SOY", entonces lo que declares queda manifestado al instante.

Creer es tener fe en lo que crees que es la Verdad. Existe un entretejido entre la creencia y la fe. Al principio se hace la creencia; si se mantiene, se convierte en fe. Si no crees que algo es verdad, no lo puedes traer a la manifestación. Si no crees en tus palabras cuando pronuncias "YO SOY tal o cual cosa", ¿cómo puede establecerse y manifestarse el dicho de Shakespeare: "No hay bueno ni malo, el pensar lo hace así"? Es absoluta verdad.

Si sabes ya que la Energía Divina penetra en el individuo en un estado de pureza perfecta, entonces debes pensar que es el propio individuo quien recalifica a esa energía, imponiéndole su propia impureza. Esta energía entra en el ser humano con el latido del corazón y Él la tiñe con su propia calidad y la proyecta hacia fuera. Este es su privilegio como Creador, a imagen y semejanza del Padre. Nuestra conciencia individual está siendo proyectada, creando una atmósfera a nuestro alrededor. Por eso recibe vibraciones de pesar, tristeza, alegría, amor, bondad, etc., y las siente como si fueran propias. Si son buenas, no tiene por qué preocuparse, pero si son de impaciencia o tristeza, debe decirles que se retiren y ordenar que se transmiten para no continuar expandiendo esa atmósfera y contagiando a otros.

Cada persona tiene color y sonido musical. Si es distorsionada, sale un sonido feo, disonante y de color sucio. A cada persona que lanza una creación desagradable, se le devuelve la responsabilidad de aquello, pues todo contiene inteligencia.

No consideres el tiempo como elemento. Cuando afirmes algo que desees sea manifestado, hazlo con gozo y manténlo firmemente hasta que se manifieste. Si mantienes constante la presencia "YO SOY", mientras haces aquello que tú deseas, entrarás en la plenitud y perfección de todo lo que ya está preparado para tu uso. Todo logro permanente debe ser el resultado del esfuerzo consciente de cada individuo.

¿Qué es la lástima? Es ponerse de acuerdo con lo imperfecto. No te dejes invadir por la lástima, pues es como si te dejaras arrastrar a las arenas movedizas, teniendo alas para volar a las alturas, por encima de toda cosa destructiva, elevando al mismo tiempo aquello que estás atestiguando y que quiere producirte esa lástima. No juzgues, mantente firme en la Presencia "YO SOY", y todo manifestará la perfección.

Para toda condición imperfecta que tú veas, especialmente la vejez, di: "YO SOY la perfección de ese individuo que tiene apariencia de anciano". Así habrás puesto en acción a Dios dentro del individuo, ya que él también pronuncia el "YO SOY", aunque sea despectivamente. En este caso, lo has impulsado a usarlo constructivamente.

No importa lo que oigas decir o conversar en el mundo exterior, manténte firme. No te dejes afectar, pues tú estás produciendo perfección, y debes hacerla manifestar conscientemente.

Si no estás atento, puede que dejes entrar una expresión que te perseguirá por años si no la borras. Cuando conscientemente estés usando la gran ley, entérate que el poder activo del pensamiento de Dios sabe perfectamente la dirección hacia donde va, y actúa.

Conscientemente dile a tu "YO SOY" que haga lo necesario, de este modo: "YO SOY la inteligencia que califica esto con lo que sea necesario". Esto, por supuesto, si te encuentras en el caso de no saber qué hacer en un momento dado. El todo es que vuelvas tu mente al "YO SOY", que te guía y te mantiene.

Yo tuve un discípulo que calificó en tal forma su círculo electrónico con el poder de curación, que lo llamaban "la sombra sanadora". En el momento en que uno hacía contacto con un círculo electrónico, era sanado.

¿Por qué se individualizó Dios? Para tener algo o alguien a quien amar. ¿Por qué fueron divididos los rayos? Para expresar amor. El amor es el principio activo de Dios. Cuando amas, estás envolviendo tu objeto de amor en el manto de Dios, en la presencia radiante. Por eso, jamás critiques.

Cuando aparentes ver una actividad sexual incorrecta, levanta la conciencia de la persona a un ideal, de manera que su pensamiento entre en control consciente, y así su actividad sexual se eleva a un plano superior.

El uso limpio y apropiado del sexo es para la expansión del amor en la procreación de una forma, de manera que el alma que viene en camino, pueda tener un carácter y un temperamento armonioso y amoroso. El pensamiento y sentimiento de los padres son la actividad modeladora. La naturaleza del principio Vida en el individuo, es amar.

Por otra parte, la diferencia entre la compasión y la lástima es la siguiente: En la compasión se invoca a la presencia "YO SOY" para que produzca la perfección. La lástima es energía con una sensación de imperfección, y sólo intensifica la imperfección que se está manifestando.

Para controlar a un animal, utiliza el "Yo estoy aquí y Yo estoy allí. Ordeno el silencio". O se le mira a los ojos y se conoce que el amor de Dios lo controla.

Piensa por un momento que cuando Dios ordenó "Hágase la luz", la primera actividad fue la obediencia. Surgió la luz en cantidad abundante, y así ocurre con todo lo que se refiere a la actividad exterior del único Principio Activo: Dios. En otras palabras, la primera actividad de todo lo externo es la obediencia perfecta a la presencia "YO SOY", pues sólo así se puede expresar armoniosamente la esencia pura.

Es necesario esforzarse por mantener tranquila la expresión exterior en todo momento, así sea entre amigos, parientes, socios, o quien sea, de cualquier condición o edad, pues cada vez que surge el impulso de criticar, discutir o resistir, es la señal de que la conciencia carnal se está entrometiendo para llamar la atención sobre ella. En este momento se le debe ordenar que guarde obediencia y silencio. Lo importante es conservarse en calma, en gracia de amor, luz y obediencia.

Discutir es una tarea estéril; en su lugar, se debe silenciar el exterior. Cuando una persona entra ya en el sendero consciente, la menor apariencia de resistencia o perturbación le indica que debe decretar: presencia "YO SOY la obediente e inteligente actividad de mi mente y mi cuerpo; YO SOY el poder que gobierna y ordena todo armoniosamente". Aún no puedo enumerar los elementos perturbadores de las actividades exteriores, porque equivaldría a impulsar en la persona una resistencia, o tal vez un complejo de culpabilidad.

Cuando las personas sean lo suficientemente fuertes para escuchar estas verdades, se les darán. Basta con decir que deben estar en guardia para no aceptar resistencia ni la tentación de criticar. Cada quien debe usar con frecuencia la declaración: "YO SOY la Guardia invencible, establecida y sostenida en mi mente, mi cuerpo, mi hogar, mi mundo y mis asuntos". Esta guardia es la presencia "YO SOY" y por supuesto, es infinita inteligencia. La conciencia de esto establecerá esa guardia de actividad inteligente, que no tendrá que ser repetida constantemente, una vez que sea establecido el impulso, es decir, el momentum.

Recordemos: cada vez que usamos el "YO SOY", sabemos que está actuando el poder del Amor, la Sabiduría y la Inteligencia Divinas. Usa también la declaración: "YO SOY la acción plenamente liberadora del Amor Divino". Con ello, ten presente que el amor, como virtud de Dios, es una entidad viviente, ya que Dios es vida, y todos sus atributos están vivientes.

Yo acostumbro sugerir como actividad preparatoria para cada día, que las personas declaren con firmeza y gozo, sabiendo de antemano que el propio poder dentro de la declaración la hace mantenerse vigente: "YO

SOY el Amor, la Sabiduría y el Poder con su Inteligencia Activa, que estará actuando en todo lo que piense y haga hoy. Yo le ordeno a esta Actividad Infinita que sea mi protección y que actúe en todo momento, haciendo que yo me mueva, hable y proceda únicamente en Orden Divino".

También es bueno declarar durante el día: "YO SOY la Presencia gobernante que me precede a donde vaya durante este día, ordenando perfecta Paz y Armonía en todas mis actividades". De esta manera, se fija la puerta abierta para el flujo constante de la presencia interior que transformará tu mundo, te impedirá el contacto con la desarmonía, y logrará que la paz y la armonía se realicen en todo contacto exterior.

No importa cuál sea la manifestación dentro o fuera del cuerpo; la persona debe adoptar la firme determinación de que su cuerpo es el Templo del Altísimo.

Esta es una verdad incontrovertible, y esta actitud mantenida conscientemente, traerá el cuerpo a la actividad perfecta, tal como es la intención divina. Yo suelo recordarle a la gente en todo momento, que no existe otra forma de adquirir una calidad o un atributo deseado, sino reclamándolo, sabiendo que existe en nuestro espíritu perfecto.

El exterior se ha acostumbrado a creer en la imperfección del ser humano y bajo tales condiciones, no puede manifestar perfecciones. El pensamiento de la gente en general es el siguiente: "Bueno, ya comprobé que no manifiesto esta cualidad que yo deseo, y debe ser porque no estoy lo suficientemente adelantado". Pero yo te aseguro que no importa lo que esté expresando el cuerpo o el ser humano, el fracaso es imposible cuando se ha puesto en movimiento el "YO

SOY", ya que se ha pronunciado la Verdad, además de movilizar los atributos de Dios.

Muchas veces he visto a mis discípulos a punto de exclamar una gran victoria; no solamente han fallado en el último momento, debido a la duda y la inconstancia, sino que le han cerrado la puerta por tiempo indefinido.

La persona debe obligarse a poner en su mente que cuando se ha puesto en movimiento el Poder de Dios al pronunciar el "YO SOY", puede ocurrir un desastre universal, antes de dejar de cumplirse la afirmación. La actividad "YO SOY" no puede dejar de actuar nunca, excepto si el exterior se lo impide. Esto puede pasar cuando la precipitación se asoma en el plano terrenal y la efluvia ataca para destrozarla.

Debe tenerse cuidado con la efluvia, pues esa masa de energía negativa que flota en todo planeta y lugar donde habitan seres humanos, vive gracias a las emanaciones mentales de todos los seres. Si la gente común ignora que sus pensamientos toman forma, que quedan flotando y despiden una gran fuerza, es terrible, si éstos no son los mejores.

Por ello es importante controlar el pensamiento, conducirlo hacia ideas positivas, así como imágenes bellas para nuestra experiencia sensitiva; por ejemplo el mar al anochecer, la luna en su cenit, cubierta por el aura que semeja un arco iris, un día nublado y sin embargo alegre en nuestra vida, bellos recuerdos de infancia, etcétera.

Ahora bien. Toda persona debe vigilarse con gran atención para no usar el "YO SOY" como expresión negativa. Por ejemplo, se dice: "Yo estoy enfermo, o Yo he fracasado, o Yo no estoy actuando correctamente", se está lanzando esta energía para destrozar aquello que deseas lograr. Esto sucede porque al usar el pronombre YO, se abre una válvula hacia el Poder Universal. Sabiendo que el "YO SOY" eres tú mismo, cuando dices "Me duele la cabeza, tengo malo el estómago", estás lanzando la energía para que actúe en esos órganos en la forma en que estás decretando.

No existe sino una persona que puede afirmar en tu mundo, Tú. Cualquier expresión que pueda ser apropiada por ti, está incluyendo la energía y actividad de la presencia "YO SOY". La conducta adecuada es que si un órgano se muestra rebelde, debe declararse y mantener con firmeza: "YO SOY la única y perfecta energía actuando allí, por lo que toda apariencia o presencia que perturbe, es corregida de inmediato". Pero si por la fuerza de la costumbre te sirves de algún medicamento, úsalo fríamente, teniendo en cuenta la verdad ante ti mismo, hasta que adquieras el dominio suficiente para gobernar a través de tu presencia "YO SOY".

Podrías creer que la medicina que has tomado te curó, pero es la presencia "YO SOY" quien le ha comunicado al medicamento el poder de aliviarte. Yo, Saint Germain, he observado el mundo médico por muchas centurias, dándome cuenta de que si una persona con autoridad afirma que tal medicamento no sirve, al poco tiempo desaparece éste del mercado. Es común que toda persona considere que algunas sustancias poseen una acción química a que corresponde al elemento dentro del cuerpo. Pero veamos: ¿Qué es lo que te proporciona la afinidad química? El poder del "YO SOY", que te permite pensar, saber que no existe mas que una inteligencia y presencia actuando. Se llama Dios y actúa en ti.

Es fundamental que acudas a la fórmula "YO SOY", que evoca las palabras pronunciadas por Cristo. Pero también es necesario ir hacia ti, conocerte, entenderte, y no juzgarte a la ligera, y menos con demasiada dureza. Ahondar en el sendero de la interioridad presupone la misma dificultad que enfrentar lo externo, que es la vida que vivimos a diario. Porque así como saludamos por muchos años a un vecino de departamento sin conocerlo realmente, quizás a veces ni su nombre, así pasa con nosotros mismos.

Sucede por ejemplo que un joven de 18 años gusta de dejarse el pelo largo siempre, en contra de la moda, y cuando alguien le pregunta el porqué, él responde que por gusto solamente. Pero repara en lo dicho, o más bien algo pasa por su corazón al tiempo que por su mente. Entonces exclama: "¡Ya sé por qué! Es que un día mi padre llegó a la casa, después de una larga ausencia, y no me reconoció porque yo estaba a rape. Sí, me dolió que no me reconociera".

Tenemos un alimento para nuestra existencia llamado espíritu. Junto con la mente y el cuerpo, con él entramos en la batalla de la existencia; es un escudo, un consuelo, nuestro hogar. Y también lo es para nuestra vida interna. Entonces, para poder dar batalla a la vida, debemos estar provistos, como un guerrero lleva armas al combate, pues de otro modo no puede pelear. Debemos proveernos de conocimiento de nosotros mismos, de comprensión e indulgencia; debemos llenarnos de fe. Busquemos a la persona en nosotros cuando busquemos a Dios, pues si algún tropiezo hubo o existe en nuestra vida, podemos levantar otra vez, volver a la vida de otro modo, decir: "YO SOY" con todo el amor posible, con la Presencia Divina en nuestro corazón alegre y esperanzado.

ÍNDICE